De Géneros Literarios:

Orígenes

Esteban A. Torres Marte

Esteban A. Torres Marte

De Géneros Literarios:
Orígenes

Obsidiana Press
www.oplibros.com

Fotografía de portada:
Drinking bout of Heracles and Dionysus, Antioch.
(Courtesy of Christine Kondoleon, Worcester Art Museum)

Diseño de portada: José Alejandro Peña

ISBN: 978-1-948114-30-1

PRINTED IN THE UNITED STATES OF AMERICA.
Impreso en los Estados Unidos de América.

Obsidiana Press
124 Meadow Drive
Scott Depot
West Virginia 25560 —USA.—
www.OPLibros.com

eMail: OPLibros@aol.com

De géneros literarios: orígenes

ÍNDICE

Introducción

En este trabajo sobre el origen de los géneros literarios tomaremos en cuenta la pauta griega y el latín mismo. Además de manuscritos y traducciones, al mismo tiempo que la creación literaria. Hemos bordeado a la literatura de la Edad Media en España (abarcando desde las *Jarchas* de finales del siglo XV). Nuestro estudio a pesar de que parte de la literatura clásica, la literatura española fue influenciada por los géneros bíblicos, siendo la Escuela de Traductores de Toledo, la que canalizó la difusión de las literaturas orientales, brindando así un fuerte apoyo a la expansión de los géneros literarios.

Nos parece atinado seguir la tratativa encauzada por Highet, en su obra *La Tradición Clásica*. Hemos valorado la metodología de este autor, en lo referente al conocimiento de la literatura (y sus géneros literarios), de griegos y romanos.[1] Con especial énfasis en la traducción, la imitación y la emulación. La Historia de la Literatura coincide en apreciar el esplendor de la literatura latina, cuando se imbricó con la literatura griega. Suceso que acontece desde el siglo III a.C. Algunos especialistas en el tema aseguran que su propia decadencia acontece cuando pierde interés la propia lengua griega.

Hay pocos indicios en España de la pervivencia de dicha lengua, pero en la Edad Media la lengua latina contenía una fuerte influencia del griego. Es sintomático de que en la propia *Crónica general,* y la *General Estoria*, se encuentran traducciones de Suetonio, Ovidio, Lucano, Estacio, etc. El propio Marqués de Santillana mostró interés en conocer a Lucano, lo mismo que la traducción al castellano de la *Iliada*. El propio Gonzalo Pérez hará lo mismo con la *Ulixea* (en el siglo XVI), y Enrique de Villena (poeta de Cancionero), traducirá la *Eneida*. Es de vital importancia el estudio en el Medioevo del cuento (el *enxemplo* medieval). Ya que a través de este género se integraron en la Península varias expresiones culturales. Tales como: la grecolatina, la védica, budista, y la de arraigo musulmán. Es notoria la influencia, hasta el punto de que Hita se funde culturalmente en la comedia latina. Pero también es evidente en Don Juan Manuel.

En la propia historia de la monarquía se hace uso de la mitología para buscar su lejano origen en Heracles. Este mito en el medioevo sufrió diversas interpretaciones y evoluciones.

Lo clásico estuvo presente y activo en el medioevo cuando surge el género Pastoril (que es directamente de pura influencia cristiana. Originado por la Biblia en el llamado Nacimiento de Cristo). Pero existe una poderosa influencia en Encina por las *Bucólicas,* de Virgilio. El predominio de lo cristiano sobre lo pagano-virgiliano, no es sino una forma de adaptación al mundo que se le presentaba. Es decir, la manera de poder integrar el universo latino con lo medieval, y después con el Renacimiento.

Historia literaria

Para analizar el pensamiento histórico de lo literario o su aproximación, es necesario el espacio científico y su evolución. La terminología de Literatura es una creación del siglo XVIII. Ni siquiera en los tiempos de la civilización griega y de quien dotó a esta disciplina de reglas (como Aristóteles, 384-322 a.C.), se le había asignado un nombre. Si bien es cierto que su nomenclatura es reciente, la Teoría Literaria clásica expone su contenido en Platón, Aristóteles y Horacio; pasando al medioevo², y finalmente al Renacimiento (las obras que dan las pautas en el inicio de la modernidad son *De vulgari eloquentia*, de Dante y *De genealogía deorum*, de Boccaccio).³

El proceso de desarrollo de la Teoría clásica europea (siglo XVII), se da a base de importantes exégesis que generan varias corrientes de tradición. Estos comentarios van desde *Ion, Fedro* y *La República* (de Platón), hasta gestar una teoría de clasificación de los géneros literarios y del discurso de imitación. Este aporte de la teoría dio origen a la interpretación del estado psicológico del artista y la especulación de la inspiración como fuente externa al poeta. Estas primeras concepciones crearon contradicciones sobre la aplicación de la poesía en el contexto social y moral.⁴

Con Horacio se elaboró un discurso histórico sobre la poesía (dando paso a la tendencia en el arte llamada *corriente tópica horaciana*). Esta tendencia obligó a repensar las ideas de la poética alejandrina. La obra de Horacio que dio la tónica de la historicidad a la poética es *Espistola ad pisones*, y aquella que clasifica los estilos y da pautas sobre la estructura y la estética de la comunicación, es *Ars Poetica*.⁵ Esta obra establece las reglas generales de la estética escriptural; es decir, que se imponen causas (en asunto de definición). Y en el área de las causas eficientes, se normaliza la intención de la naturaleza del proceso de la obra (basándose en la oposición entre reglas e inspiración). La causa final se circunscribe a la posición entre pedagogía y placer estético. Más allá de éstas, la causa material se dirige a la fase del contenido de la obra, reflejándose entre lo formal y la estructura artística. Este rigor horaciano es el que asume la pervivencia de la *Teoría literaria clásica*. La pretensión clásica se situará entre las soluciones que deparan las reglas, lo didáctico y el contenido (dirigiéndose en cada caso a respuestas extremas). Estas soluciones se sitúan en un ámbito conservador que impregna dos espacios distintos (literatura y filosofía hacia una síntesis compleja). Así se podría entender esta dependencia de la creación literaria en el orden de la tragedia griega, luego en la literatura del Imperio romano y más tarde en la creación de la propia Edad Media. Esta fue la ideología de veneración del ideal clásico. Pero el ideal en esencia del arte ha sido la independencia lúdica, substrato de la creación imaginativa de placer, inspiración y estructura formal. Grandes escritores de la tradición han reivindicado ese ideal en contra de las reglas obsoletas dictadas por la autoridad y el poder oficialmente establecido.

En esta tradición latina los escritores que más subvirtieron las reglas son bien conocidos: Píndaro*, Ovidio y Ariosto. En esta misma ubicación entenderíamos mejor el Movimiento Manierista, como un trayecto hacia el *Formalismo* (de naturaleza lúdico), entendido como superación de lo anterior: el esquema didáctico.

La concepción aristotélica no fue conocida en Europa hasta el siglo XVI. La antigüedad no reconoció en profundidad esta poética, salvo los sofistas, las escuelas dispensadoras de moral, y especialmente los alejandrinos, quienes se ocuparon de la Retórica.[6]

....

*Píndaro (518-466),13 obras de este poeta se han perdido.Cfr."Píndaros"(*R EXX*,1950,cols.1606 y ss., de F. Schwenn).

Sin embargo, su aportación estética de mayor rango la encontramos en la base clásica de la finalidad de la *catarsis* (orgasmo estético); y de la *poiesis*, como corolario de la *Mimesis*. En el fondo se trata del enriquecimiento de la didáctica como principio de la Retórica, visto desde una irrupción. Esta concepción sistemática prestigia la visión intelectual del gozo estético. Lo que devino en praxis estética, implementando una nueva situación.[7] Esta estética o concepción aristotélica tuvo una influencia en la caracterización de la estructura del texto (o *dispositio*). En esencia se trata de un análisis estructural de la *tragedia* en el texto mismo. El principio catártico ve en el texto una especie de purgación; además, una espaciación en el contenido textual (argumento, personajes, contenido significante, espectáculo, vibración o alertamiento musical). Desde un punto de vista analógico, los criterios aristotélicos (aquellos de naturaleza cualitativa y cuantitativa) crearon esa concepción clásica del texto cuyo otro objetivo fueron la fábula y la tragedia.

El otro componente de la *Teoría literaria clásica* es la Retórica (comprendiendo por ésta, la disciplina o contexto denso de la estética poética). Su primera proyección es el discurso no-escriptural (viéndolo desde la cosmovisión y la adhesión, esto es, aquellos sistemas que presentan aperturas ante reglas sintácticas).

La Retórica es una especie de ciencia de la comunicación y su fundamento recala en la preceptiva y la argumentación (una de cuyas cualidades son la convicción y el preciosismo verbal. Esta formulación del lenguaje le acercaba a ciertas emulaciones del arte poético. Su uso era referencia de políticos, abogados y ciertos funcionarios de Estado).

Al pasar el tiempo, los sistemas poéticos se convirtieron en opuestos a la elocución. Tanto la tratativa de la *Poética*, de Aristóteles, como el *Arte poética,* de Horacio, no contenían ningún sistema o tratamiento de la elocución como parte de la Poética. Aristóteles 'sustituye' a la tragedia con la gramática, y Horacio se ocupa de las imágenes bellas y artísticas en el proceso del vocabulario.

Desde la Historia de la teoría del lenguaje, la Retórica desplazó a la Poética de las consideraciones de la elocución. Así fue perdiendo influencia y se apropió de la naturaleza y la reflexión del propio lenguaje del arte. Esto es, la Retórica hizo suya la *dispositio*, además del discurso como estructura textual y verbal (comprendiéndose como causalidad estética, y fundamento estilístico).[8] Como una influencia de estos aconteceres culturales, la Poética moderna se ha inclinado más por el inmanentismo de la obra literaria. Lo moderno ha olvidado la estética clásica, que vivió sostenida en el concepto trascendentalista de la expresión romántica. Nuestro tiempo ha creado una especialización y pragmatismo de la Retórica en el texto. (Desde las escuelas del Formalismo ruso y las escuelas estilísticas el exceso de retórica ha dominado el texto literario hasta imprimirle una cadencia oficial.)

La Poética lingüística se ha desplazado (en nuestros tiempos) hacia la estructura de lo verbal en el incidente artístico. Esto crea una integración de constitutivos filosóficos y estéticos de raigambre tradicional, sostenidos por una complacencia romántica de estirpe clásica y de predominio moderno de la Retórica y la Lingüística. Esto demuestra una invasión clara de lo retórico en el espacio que les propio a la Poética.

La fuerza artística antigua se encuentra representada en obras griegas, atenienses y de corte alejandrinas. Consta además en tiempos del Imperio romano con Cicerón y Quintiliano. Pero son considerados textos artísticos (confundidos modernamente como retóricos), los de Teofastro y Hermógenes, y sobre todo la del pseudo-Longino. También algunos discursos retóricos como el de Teón: *Progymnasmata.*[9] Lo afirmado no implica la desaparición o inhibición de lo poético. Todo parece suponer que ha ocurrido una integración de la Retórica y la Poética. En la Edad Media, varias obras se volcaron hacia la poética, tales autores como Geoffrey de Vinsauf y Mathieu Vendome. El caso de mejor preponderancia lo encontramos en Dante. Este autor enlaza su discurso analítico (de naturaleza retórica) con un sentido y preocupación artísticas, con miras a acceder a un estilo de brillantez y preciosismo .[10]

El Renacimiento inicia el gran ciclo donde la Retórica se inclina hacia un proceso decadente que luego se precipitará absolutamente en descrédito en el siglo XIX. Lo contrario sucede con la Poética, que aunque considerada o situada en el ángulo especulativo (de naturaleza filosófica), surge como rama independiente del arte y del discurso verbal tórrido. Su afincamiento se vierte con una superioridad estilística (de expresión renovada), que alcanza a autores, como Boileau, Muratorio o Luzan. En el siglo XVIII, parece equipararse sobre el decadentismo, y en el siglo XIX , alcanza un apoyo desmedido con autores como Hegel y Dilthey.[11] En el siglo XVIII, la Retórica perdió casi en absoluto su prestigio de ciencia del discurso lingüístico. Quien sustituye este agravio en la gramática especulativa y en pleno siglo XX, es la Lingüística. La Retórica no podía fundar un discurso de lo poético, ya que ésta no solamente reposaba sobre categorías racionales, sino y sobre todo, en presupuestos imaginativos y subconscientes. A pesar de este intercambio entre manifestación verbal y su expresividad, la Poética reposa en su fundamento imaginativo; su influencia sobre el discurso y su plataforma en el cauce literario es de máxima oposición y confrontación. La Retórica se destacó sobre la Poética (tomando su lugar) en el ciclo de la instauración Occidental de lo Greco-Latino. (Todo por desconocer la naturaleza del lenguaje.)

La concepción clásica sobre la literatura, era que ésta se orientaba a través del preciosismo de la palabra y el adorno (como añadidura). El clasicismo no se planteó el criterio de autonomía en estas disciplinas y menos la categoría de lo fantástico, además de la intertextualidad (esta aseveración no minimiza a los geniales creadores clásicos).[12] Es con el Renacimiento y luego con el Romanticismo que se independiza el lenguaje literario y adquiere pretensión de ciencia del lenguaje. También se estableció un nuevo paradigma con las vanguardias modernas. Esto facilitó la experiencia autónoma de la literatura, pero es en pleno seno del Romanticismo que se posiciona la literatura como entidad independiente.[13] Esta autonomía rompió con el discurso del racionalismo y el pensamiento filosófico.[14]

A pesar de que hemos presentado dos espacios de la Poética y la literatura, separados por instancias de tiempo, debemos establecer el proceso de evolución a partir del siglo XVIII. El interés clásico reflexionó sobre asuntos de estructura en el texto artístico, mientras la modernidad lo hizo sobre instancias fantástico-sentimentales, y de plano sobre el valor sicológico de la obra misma.

El Romanticismo inaugura una expresividad absoluta sobre los motivos y las razones de una estética que depende de fundamentos antropológicos de la emotividad (en esto se relaciona al idealismo hegeliano).

El pensamiento kantiano (en especial el sustentado en la obra: *Crítica del juicio*), expresa este dualismo entre subjetividad y el contexto de proporción. Kant creía que el dato del objeto estético y la propia percepción apriorística del sujeto (y éste como motivo universal para el juicio estético), debían de uniformizar la propia intimidad sensible del sujeto. Este pensador favorece la importancia de la intuición intimista. Esta fue una apertura radical del juicio sobre la naturaleza del objeto, y al mismo tiempo un reconocimiento a la Historia misma de su época y al propio espacio cultural.

El Romanticismo se radicalizó frente a los gustos y aptitudes del clasicismo y la exacerbada *mimesis* (que para el gusto clásico se identificaba con el placer de carácter intelectual). La tendencia romántica vio en la *cartasis*, un espacio de limpieza de las emociones y en la *praxis*, el contexto para potenciar la armonía como elemento dominante. [15]

El Romanticismo profetizó la post-modernidad: la huida del sentimiento y la imaginación apasionada.[16] Cuando se inicia el camino a la transformación, una nueva cosmovisión estética está en la antesala, una nueva profecía fue preconizada por Longino (la que destaca en su obra: *De Sublime*). Esta aceptación se origina a inicios del siglo XVIII, pero paradójicamente estos documentos respondían más al protocolo de la Poética y la literatura clásicas. Su recurso fue la aporía y la instauración de leyes retóricas con visos hacia la paradoja. Planteó eclosionar lo convencional para trascender el significado poético que se encontraba aliado a la nulidad y a la esencia negativa del predicado.

La influencia de Longino (en, *De Sublime*), no logró borrar el espíritu romántico y la subjetividad emocional en su propuesta clasicista de instaurar el patrón descriptivo y estructural de lo clásico.[17] Este tratado que se popularizó debido a la influencia académica de Boileau y a las glosas de Bouhours, es en realidad un tratado retórico. En éste se analizan las bases y las cualidades del lenguaje, en contraposición a la fuerza imaginaria y sicológica de la escritura poética (desde su aportación, se puede subrayar la discursividad verbal y la sensación en lo persuasivo y objetivo).

Pero ateniéndonos a la comprensión de la naturaleza sentimental e imaginativa, esta sólo se establece cuando una nueva visión radical de la vida se ha consolidado.[18]

La apuesta cientista y los estructuralistas modernos y sus variantes académico-pedagógicos, se interesan en instaurar el ideal esencialmente clásico. Pero su propuesta era enfrentar el pasado idealista de la concepción teórica del Romanticismo y del sentimentalismo metafísico. Esta ruptura con el pasado inmediato le impulsó hacia la zona inmanente del texto, lo que obligó a fundar una teoría retórica de la construcción verbal. Los máximos exponentes de la estilística Occidental europea son: Spitzer, Hatzfeld y Dámaso alonso. Ellos facilitaron el camino para el adefesio de la Retórica, como si fuera un *Tratactus* antiguo de la estilística.[19] Pero hay que reconocer que la Poética lingüística en el siglo XX, a parte de incorporar la ciencia antigua sobre la naturaleza del discurso (Retórica y Poesía), ha logrado revolucionar metalingüísticamente el espacio literario moderno.[20]

La modernidad se ha ido nutriendo de los aspectos irracionales de un discurso sentimental de fuerte simbología onírica, esto unido a una expansión de lo urbano y de gran decadencia del paisajismo y de la anorexia de un criollismo fetichista y nacionalista de corte usurpador. Esta reflexión ha servido de alternativas en lo referente al discurso poético moderno. Es bien sabido que algunas de las características del Romanticismo es su anhelo de lo no real. Cualquier respuesta en el marco objetivo es asumido como fraude, y como tal se aboca a ser marginado. Lo romántico quiere (o pretende) alcanzar el ritmo absoluto de lo poético, pero como interrogación. Su camino-metodología no es precisamente lo estable. Tampoco confía en la densidad de la 'significación' de la palabra. Esta actitud desarrolló una concepción de lo poético, conocida como lo 'inasequible primigenio'. (Este discurso intenta traspasar y aliarse al purismo de la lírica, tomando como estandartes a Vico y Herber.) [21] También se presenta otra actitud, nombrada 'arte ingenuo'. Sus máximos representantes van desde Schiller y Goethe, hasta Schlegel y Coleridge.[22]

La propuesta de Jacques Derrida sobre las ideas de la 'Aporía Desconstruccionista', ya había sido enunciada por Maurice Blanchot, sobre el 'Espacio Traslingüístico' (como una experiencia del límite): "La experiencia límite es la respuesta que encuentra el hombre cuando ha decidido ponerse radicalmente en entredicho. Esta decisión, que compromete a todo el ser, expresa la imposibilidad de detener, ya sea en un consuelo o en una verdad, en los intereses o en los resultados de la acción, o en las certezas de saber y de la creencia".[23]

Lo que puede inaugurar esta modernidad (o la llamada post-modernidad), pasa por el campo de Blanchot. Su prestancia está en la negatividad de lo paradójico, y al mismo tiempo que el desconstruccionismo de Derrida, que se fortalece de un escepticismo radical, es una prolongación de la estética de Heidegger, para quien la *poesía es esencialmente verdad*: "¿En qué lenguaje habla el plano del pensar que delinea un cruce de la línea? ¿Debe ser salvado más allá de la línea crítica el lenguaje de la metafísica de la voluntad de poder, de la forma y de los valores? ¿Y cómo, si precisamente el lenguaje de la metafísica y la metafísica misma, ya sea la del dios vivo o muerto, en cuanto metafísica constituyeron aquella barrera que impide un cruce de la línea, es decir, la superación del nihilismo? Si así fuera, ¿no tendría entonces que derivar necesariamente el cauce de la línea en una transformación del decir y exigir una relación cambiada para con la esencia del lenguaje?"[24]

Otro de los pensadores de esta modernidad compleja es

Emmanuel Levinas, su apuesta estética reside en la *Ética del otro*: "La ética contrasta con la intencionalidad y con la libertad: ser responsable es ser responsable antes de cualquier decisión. Existe en ello una escapada, una derrota, una deserción de la unidad de la percepción trascendental, igual que hay una derrota de la intencionalidad originaria de cualquier acto. Como si existiera algo anterior al comienzo; una *anarquía*. Y ello quiere decir una revisión del sujeto como espontaneidad; yo no soy el origen de mí mismo, no tengo mi origen en mí. (Piénsese en ese cuento popular ruso en el que un caballero tiene su corazón fuera de su cuerpo.)

Esta responsabilidad hacia los demás está estructurada como "el uno para el otro", hasta llegar a uno *rehén* del otro, *rehén* en su propia identidad de convocado e irreemplazable, antes de todo regreso a sí mismo."[25]

Estos pensadores han creado un universal sobre la propuesta inmanente de la poesía (y el lenguaje) como imaginación y transgresión.

El Formalismo moderno y el estructuralismo no conocen de transgresión. Sólo el Romanticismo y las áreas de las ciencias sicoanalíticas modernas y el espacio mitopoético han encontrado el derrotero de la imaginación como encrucijada artística. Pero frente a las estéticas modernas (la concepción existencialista, la desesperanza-escéptica, el desconstruccionismo y el espacio hermenéutico), la teoría romántica de la poeticidad, aliada a ciertos espacios nihilistas y al radicalismo escéptico, fortalecen niveles cruciales de la teoría de la imaginación.

Hoy en día, la Poética de lo imaginario sustentado por Bachelard y además por Durand, ha desarrollado una 'semántica simbólica' como camino a la aproximación de lo mítico como poesía y lenguaje. (Este trazado de la imaginación desemboca en una antropología que inaugura una imaginación de la escritura.)

Lo que algunos escritores de la llamada 'realidad' sugieren como condición para el arte, "no es un elemento añadido" a la realidad, sino el principio de prohibición, que precipita una rebelión en la conciencia: "El problema del conocimiento personal del juego es el problema de la desobediencia adrede. El niño quiere hacer como su padre y, al igual que un pequeño Prometeo, roba cerillas. Corre entonces por los campos y, en el hueco de un barranco, ayudado por sus compañeros, enciende la hoguera del día de novillos."[26]

El pensamiento o la conciencia de poetizar pasa primero por una irracionalidad tormentosa que implosiona en el subconsciente: "La imagen, en su simplicidad, no necesita un saber. Es propiedad de una conciencia ingenua. En su expresión es lenguaje joven. El poeta en la novedad de sus imágenes es siempre origen del lenguaje. Para especificar bien lo que puede ser una fenomenología de la imagen, para aclarar que la imagen es antes que el pensamiento, habría que decir que la poesía es, más que una fenomenología del espíritu, una fenomenología del alma. Se deberían entonces acumular documentos sobre la conciencia soñadora."[27]

Literatura y Géneros: lo griego

L os investigadores del espacio greco-latino siguen vigentes hoy en día. Son varias las aseveraciones de eruditos y filólogos interesados en la investigación del influjo de lo griego en la Edad Media. La concepción de Higuet se ve ampliada por especialistas como María Rosa Lida, Elvira Guntia y Helena Rodríguez Solominos. Todo parece indicar que la influencia de dicha lengua no es sólo por la llegada de eruditos bizantinos por la caída de Constantinopla, como lo prueba el uso de dicha lengua en Sicilia; o por su prestigio en la liturgia de San Basilio. Al respecto agrega Solominos: "Hasta los inicios del cristianismo no hay interés ni por la lengua ni por obras literarias griegas por sí mismas, ya fueran obras de poesía o de prosa; ni siquiera por las obras históricas."[28]

Es durante los siglos XV y XVI, con el desarrollo del Humanismo renacentista que vuelve a recuperarse el interés por dicha lengua. A juicio de Gómez Moreno, es durante estos siglos y tiempos humanistas que se reparó la deuda y el vacío durante el medioevo: "La Edad Media olvidó el griego y envileció el latín; el Renacimiento recuperó el griego y restauró el latín."

Es con los Reyes Católicos que se creará y desarrollarán las cátedras de griego. Este suceso ocurrió en la ciudad de Salamanca. Luego con la llegada posterior de la imprenta, la conmoción del Renacimiento ampliará los estudios y el prestigio del griego y de su cultura.

Hay dos vías por la cual los textos griegos fueron conocidos por los eruditos de la Edad Media.* Una es a través del latín, y la otra, por la lengua árabe. Se sabe que *La ILíada,* se conoció gracias a una traducción de Pier Candido Decembri. Siendo esta una verdadera paráfrasis de los cantos uno, dos, tres, cuatro y diez. Su realización se debió al cardenal Pedro de Mendoza (quien fue el hijo del Marqués de Santillana). Hay una polémica entablada por María Rosa Lida, que sostiene que Juan de Mena conoció directamente la traducción de Decembri. Es en el siglo XVI que se conoce *La Odisea.* Fue Gonzalo Pérez quien realizó las dos primeras traducciones. Primero hizo una, de los trece textos iniciales, y luego el libro completo, al que llamó *Ulixea,* pero también es importante destacar la impronta del acontecer islámico en la cultura griega. Ya en el siglo XI, el juez de Toledo Sa id al-andalusi escribe la obra: *Tabaqat al-uman,* ('Las categorías de las naciones'). Al respecto, Andrés Martínez Lorca, agrega: "Pero el factor decisivo en la continuidad y renovación de la ciencia griega en el mundo islámico medieval, serán las traducciones de los grandes filósofos y hombres de ciencia griegos. El contacto directo con los textos griegos, vertidos primero al siríaco y luego al árabe, será la base sólida a partir de la cual los intelectuales islámicos asimilan la ciencia

*La prueba más antigua de la escritura en el escenario griego es el *Papiro Dérveni.* Su antigüedad se remonta al siglo IV a. C., es una versión literario-filosófica de un poema de Orfeo. Fue descubierto en 1962, en Macedonia(Cfr. *Studies on the Dérveni Papyrus* -1997-; de André Laks).Pero un gran descubrimiento en 1924 reveló los libros más antiguos del mundo(pertenecientes a la civilización Sumeria).Aparecieron en los estratos IV del templo de la diosa Eanna, en la ciudad de Uruk. Su fecha se ha establecido entre el 4100 ó 3300 a. C.(Lara Peinado, Federico: *Himnos Sumerios,* Tecnos,1988,167-170).
Alrededor del año 3300 a.C., entró en vigencia el período Uruk III. Este fue el primer ciclo histórico del inicio de las primeras bibliotecas de la humanidad. Las ciudades de Ur y Adab fueron las pioneras, seguidas de Fara, Abu Salabik y Kis. En la de Lagas se encontró el material escrito llamado *Estela de los Buitres.* Hacia 2200 a. C., el monarca Gudea creó el primer registro organizado y bibliográfico con los textos históricos y literarios de la primera escritora de la humanidad hasta ahora conocida. Su nombre: En Kheduana, fue hija de Sargón de AKKad (R.L. Zettler: "Nippur",*OEANE* 4,1997, 145-156).

griega y la hacen avanzar."[29]

Hay que subrayar que Europa perdió el influjo del teatro griego durante el medioevo. Aún en el Renacimiento el interés fue puesto sobre los dramaturgos latinos (aunque en realidad estos estaban bajo la influencia de la dramaturgia griega). La especialista Rodríguez Solominos sostiene que toda la cultura Occidental dependió más de lo latino-cristiano, a partir del siglo VI, que de la cultura clásica. Para esta especialista la llegada de los bizantinos a la Península, en nada hizo cambiar la visión latina. Además estos eruditos eran originales de África y de Rávena. La única prueba de su presencia y de lo que puede verse como influencia griega a través de ellos, es *Vitae Patrum,* (traducido por Pascasio de Durnio). Contrario a lo sustentado por Higuet, la autora Ganguntia aporta además a la demostración de que la literatura de caballerías y la propia novela picaresca (tanto en el género como en el contenido) estaban imbuidos por la influencia griega: "Hay que tener en cuenta que junto a la novela sentimental antigua coexiste un tipo de novela diferente: es el representado en Oriente y Occidente por el *Ovos*, de Luciano, la *Vida de Esopo*, *El asno de oro*, de Apuleyo y el *Satiricón*."[30]

Traducciones y Edad Media: la Lengua Latina

El proceso de las traducciones al castellano fue creando una relación de producción y creatividad con la cultura Occidental heredada desde el inicio mismo de las grandes civilizaciones. Para describir este pormenor (traducciones) hemos seguido en lo fundamental a los autores previamente citados como Higuet y María Rosa Lida.

Homero

La Ilíada, fue traducida de una versión de Pier Candido Decembri. Esta primera traducción fue una paráfrasis de los cantos uno, dos, tres, cuatro y diez. Su autor es Pedro de Mendoza. La autora María Rosa Lida apoya la tesis de que Juan de Mena bebió directamente del texto de Decembri.

La Odisea, fue conocida en su primera traducción en el siglo XVI. Dicha traducción fue realizada por Gonzalo Pérez (quien realizó dos versiones). La primera constaba de los trece primeros libros, y la segunda de la obra completa. A esta la tituló *Ulixea*.

Teatro Griego

No fue traducido en la Edad Media. Durante el Renacimiento tuvo mayor importancia Séneca (latino) que cualquier otro autor del escenario clásico. La influencia se limita al período desde 1575 a 1590; apareciendo más tarde en otros países europeos. Es hasta el final del siglo XVI, que se comienza la imitación de la teoría aristotélica del drama. Las primeras tragedias inspiradas por Séneca son *Nise lastimosa* y *Nise laureada*, de Jerónimo Bermúdez. También hay una influencia en dos obras de Cervantes *El trato de Argel* y *El cerco de Numancia*. Además en las obras de Cristóbal de Vinués, quien influyó a la obra de Lope. En el siglo XVI, es traducida *Electra* de Sófocles*. El responsable es Fernán Pérez de Oliva, éste la tituló *La Venganza de Agamenón*, existiendo esta versión en prosa libre. El mismo autor traduce *Hécuba*, de Eurípides. No se ha podido encontrar traducciones durante ese siglo de Esquilo y Aristófanes**.

Platón

Hacia la mitad del siglo XV, el capellán de Santillana, Díaz de Toledo traduce una versión de este autor griego, titulada *El libro de Fedrón en que se trata de cómo la muerte no es de temer*, y la otra obra traducida fue la de *Axíoco*.

Aristóteles

Pruebas irrefutables involucran al Marqués de Santillana en las traducciones de la *Ética*, la *Económica*, y *De animalibus*. En la obra *Literatura europea y Edad Media latina*, de Robert Curtius se demuestra que en lo relativo a la poesía latina (medieval) su incursión en España fue a través de Berceo, Hita, y Alfonso de la Torre. Previo a su influencia en la Península, ya se había profundizado en Francia y en la Inglaterra francesa una

---

*Nació en Colono en el año 497 y murió en 407.Logró cambiar la historia y el contenido del teatro griego. En el informe de Aristófanes de Bizancio se le imputan 130 tragedias. Pero en el *Léxico* de Suda, se le adjudican 123. Lo controversial es que sólo poseemos 7 obras completas, y una variedad de fragmentos.Cfr. *Introducción al Teatro de Sóflocles* (1944)de M.R.Lida.

**Aristófanes de Atenas:considerado un gran comediógrafo.Los especialistas le atribuyen 40 comedias,de las cuales sobrevivieron apenas11.Se conservan alrededor de1,000 fragmentos de textos perdidos,pero gracias al descubrimiento de papiros se han podido ubicar estos fragmentos(debido a las citas de los lexicógrafos. Cfr. *Aristophanes. His Plays and his influence*(1963) de L. E. Lord).

cultura de la antigüedad. Esto debido a la historia y la época de Carlos Magno.

Virgilio

Para el especialista en Historia latina, Traube, los siglos VIII y IX, son *aetas vergiliana*, los siglos IX y X, la *horatiana*, y los siglos XII y XIII, la *ovidiana*. Sin embargo, esto no niega que durante los años 700 y 800, la influencia de lo virgiliano se hacía sentir con mayor fuerza. El autor lo prueba con la obra precursora de *Beda el Venerable*, y los autores como Alcuino, Pedro de Pisa y los correspondientes de la primera generación carolingia.[31] Una prueba de su influencia es que el propio San Isidoro en su obra *Etimologiae*, le cita constantemente. Ya en plena época islámica, decae la influencia de Virgilio. Pero en las Escuelas medievales se les citaba en igual proporción a autores como Catón, Esopo, Avieno, Sedulio, y a otros autores de la preponderancia cristiana.

Este autor tuvo una posición de privilegio en la consideración medieval, sobre todo por la asimilación cristiana y medieval del patrimonio literario clásico. Su *Égloga IV*, se interpretó como un anuncio mesiánico, lo que permitió la apropiación cristiana del poeta, como antes había sucedido con Séneca. Virgilio aparece como anunciador de la venida de Cristo y ocupa un lugar entre los profetas bíblicos. Pasa a la leyenda popular como ejemplo de sabio, adivino y mago de misterioso prestigio. Su *auctoritas* procede de su condición de modelo literario y lingüístico, gracias al que pudo librarse de los primeros expurgos de la literatura pagana.

La Hispania de los siglos VI y VII, mantuvo una continuidad cultural respecto a la romanidad tardía, y esa pervivencia permitió también la de Virgilio. La labor de San Isidoro fue esencial, porque hizo amplio uso de las letras paganas y, sobre todo, de Virgilio. Consideraba lícito el trato con los libros gentiles si estaban al servicio de las artes liberales y, en especial, de la gramática. Prueba de ese aprecio son las 250 referencias a Virgilio en las *Etimologías*, número muy superior al de las referencias a Cicerón. Por otra parte, muchos letrados carolingios, de origen hispano, deben ser considerados como una de las fuentes posibles de la transmisión de Virgilio.

Los cristianos que se quedaron a vivir bajo el Islam a mediados del siglo IX, producen en Córdoba una efímera floración literaria; pues bien, estos cristianos cordobeses puede que no tuvieran otra relación con la Antigüedad clásica que el conocimiento de los textos de Virgilio. En el siglo X, parece agotada la tradición hispano visigótica; surge entonces una cultura caracterizada por la relativa apertura de los reinos cristianos a los influjos europeos. La penuria cultural de esas regiones se ve aliviada en cierta manera por la integración de los mozárabes emigrados, a los que se debe atribuir lo poco de interesante que aportan los documentos de esa época. Por ejemplo, el que en los monasterios andaluces se conservaran obras de erudición y poesía, y una *Eneida* de Virgilio. En la pervivencia de Virgilio tuvo una gran importancia la influencia del monasterio de Ripoll; en su catálogo bibliográfico del año 1049 el nombre de Virgilio se repite varias veces. Se puede hablar de la presencia de, al menos, dos manuscritos de la *Eneida* en esa época.

Plutarco

En la Edad Media se podía leer el nombre de Plutarco en algunas obras. No provenían del conocimiento directo de Plutarco, sino del *Enseñamiento* de Trajano que fue la única obra por la que se conoció a Plutarco durante toda la Edad Media hasta que las relaciones con Grecia fueron fluidas. En cualquier caso, el nombre de Plutarco se incorpora plenamente a la cultura española en el siglo XV. Aparece y tiene prestigio de autoridad en

nuestros historiadores, ensayistas, teólogos, moralistas y filósofos. La recuperación del nombre de Plutarco en la literatura viene de la mano de los humanistas italianos que entran en contacto
con la corona de Aragón. Alonso Hernández de Palencia inició
en España la traducción de las *vidas de Plutarco*; hay también
influencia de Plutarco en *Los claros varones de España*, en la
manera de comparar personajes que muestran su influencia.

De acuerdo a Aurelio Pérez Jiménez (*Plutarco y el Humanismo Español del Renacimiento*), a medida que avanza el
siglo XVI, las traducciones son más abundantes por el interés
que despierta Plutarco. Los traductores, intelectuales en el más
puro perfil renacentista participan del movimiento erasmista que
enriqueció toda Europa. Sus traducciones ya no son resúmenes,
sino imitaciones fieles y aportaciones propias de gran valor.

En el diccionario de Covarrubias, Plutarco aparece car-
gado de aspectos positivos; ese aprecio de Plutarco venía de su
pensamiento platónico-cristiano y a que fue muy utilizado por
los Santos Padres fundadores del cristianismo.

En consecuencia, Plutarco está presente en la formación
de los intelectuales españoles durante todo el siglo XVI. Influyó
notablemente en los historiadores de Indias, sobre todo en Fray
Bartolomé de las Casas.

Preponderancia de los Manuales

En la segunda mitad del siglo XVI, eran favorables a la
difusión de la mitología y el arte y, por consiguiente, al éxito de
los manuales. Por ejemplo, la *Mitología* de Conti y las *Imágenes
de los dioses* de Cartari conocieron numerosísimas ediciones.

Estos libros tenían un propósito: traducir mediante imágenes una serie de conceptos. Las imágenes de los dioses son
emblemas llenos de sentido. Sus autores estaban más preocu-
pados por su capacidad simbólica que por las cualidades plásti-
cas de las imágenes. El humanista acudirá preferentemente a las

figuras mitológicas más complejas, cargadas y extravagantes, porque las considera las más adecuadas para manifestar su pensamiento.

Las imágenes tenían otro efecto: ahorraban a los artistas el trabajo de informarse y a los eruditos la obligación de proporcionar textos en los que informar. Tuvieron además otro efecto práctico, al proporcionar información para la construcción de decorados en las fiestas de los reyes, paradas y diversiones mitológicas. Servían también para que los autores acudieran a ellos en busca de información. Tenemos noticia de que Rabelais, Montaigne y los autores isabelinos lo usaban.

Hay que considerar que los humanistas del Renacimiento no siempre bebieron de las fuentes vivas y puras de los clásicos; en muchos casos su ciencia derivaba al menos de recopilaciones contemporáneas. La mayoría procede de Italia y es que, a través de este país, conoció el siglo XVI, la Antigüedad; pero una Antigüedad puesta al día en la que brillan algunos elementos sobre otros falsos.

Todo ello muestra que la cultura clásica había sido asimilada por la cultura medieval que recogió lo que aún perduraba del mundo fabuloso de los antiguos. Los relatos de la Antigüedad a juicio de Jean Seznec (*Los Dioses de la Antigüedad en la Edad Media y el Renacimiento*), que sobrevivieron, recibieron un nuevo impulso en el Renacimiento; los tipos transmitidos fueron abandonados por los que reencontraron en su pureza primera.

Al tiempo, se muestra la necesidad de conciliar cristianismo y paganismo. Por eso se retoma la alegoría de los dioses de la antigüedad. La mitología paulatinamente fue considerada un conocimiento erudito, cada vez menos sentido y más razonado; ya sólo es un montón de nobles ficciones, un auxiliar didáctico concebido para la educación y, en especial, para la instrucción de príncipes.

Para el artista representa la Edad de Oro que ya no volverá, pero por ella se lamenta constantemente. Y es que, desde ese momento, el mundo antiguo se ha separado del nuestro. La noción de Antigüedad como medio histórico distinto, como período ya pasado no existía para la Edad Media, pero sí para el Renacimiento que percibe esa distancia histórica; de ahí su esfuerzo por armonizar esos dos mundos tan diferentes.

La Eneida

La primera versión al castellano la realizó Enrique de Villena (poeta de Cancionero). Sin embargo, esta obra fue encargada por Augusto al poeta de Andes (Mantua), pero fue publicada por Luicio Vario y Plotio Tucca.

Las Bucólicas

Fue traducida al castellano por Juan del Encina (a fines del siglo XV). Esta inmensa obra ha sido objeto de dos confrontaciones. Para Higuet es una paráfrasis intervenida por la filosofía y la religión de carácter medieval, mientras que para María Rosa Lida es una obra de gran gusto por el arte menor y lo hispánico. Esta obra está inspirada en los *Idilios*, de Teócrito.

Horacio

El especialista Higuet encontró traducciones de este autor en los siglos XVI y XVII. Mientras que María Rosa Lida las ubicó durante 1599; su autor es Juan Villén de Biedma. Otra versión traducida de 1682, fue realizada por Urbano Campos. La autora cita estas traducciones como pruebas: *Arte Poética,* de las *Sátiras, Espístolas,* y de las *Odas.*

Ovidio

La primera versión de las *Metamorfosis*, se la debemos a Jorge de Bustamante. Fue realizada en el siglo XV, y en prosa. En lo relativo a las *Heroidas*, fue traducida bajo el título de *El bursario*, a inicios del siglo XV, por Juan Rodríguez de la Cámara. Ovidio influyó de forma directa en *El Libro de Buen Amor*, y por influjo de éste en *La Celestina*. Hay constancia de la influencia de Ovidio en las obras de Alfonso el Sabio. En las *Sumas de historia troyana*, de Leomarte, aparecen en la subdivisión cinco, seis, siete, nueve y doce de su texto, la influencia a la que nos hemos referido. Fue el poeta más traducido, y durante el Renacimiento su poderoso erotismo será objeto de señalamientos por la Contrarreforma. Según Vincente Cristóbal: "Su obra seguía teniendo vigencia en las escuelas por consideraciones de otra índole, y se tenía de ella un conocimiento grande."[32]

Séneca

La traducción de su obra dramática se conocerá en el siglo XV. Antonio Villaragaut, en 1400 tradujo al catalán *Medea, Trestes,* y *Las troyanas.*

La épica medieval sigue la huella de Homero. Así lo analiza Ernst Robert Curtius (*Literatura Europea y Edad Media Latina. Héroes y Soberanos*), en la épica alemana y francesa; también establece la diferencia entre los héroes germánicos y los griegos. Las jerarquías de modelos (héroe, santo, sabio) representan una determinada concepción del hombre. El héroe, como el santo o el sabio, son tipos básicos en la antropología homérica; representan la nobleza de cuerpo y de alma que determina la grandeza de su carácter. En las cualidades del héroe homérico tiene que existir la epopeya; sin un héroe o un dios encolerizado no hay epopeya. Parte de la epopeya también viene dada por la contraposición de la experiencia de los viejos y el impulso de los jóvenes. Esas parejas de contrarios recorren gran parte de las obras literarias; en las que lo trágico proviene de la desviación de la norma ideal. Lo que establece Curtius es la ulterior evolución del dualismo valor-sabiduría; ya no interesa cómo era el héroe, sino cómo lo entendieron posteriormente.

Virgilio encarnó un nuevo ideal heroico fundado en la virtud moral, que sustituye a la sabiduría. Después de Virgilio, la pareja *sapientia-fortitudo* se convierte en un tópico. En la epopeya de la Edad Media influyeron mucho las novelas de Dares y Dictis que son refundiciones de las novelas griegas. Pretendían ser reales y verídicas y decían provenir de un testigo ocular. El modelo sería 'vigor corporal y sabiduría'. San Isidoro refleja en su obra el carácter que habían llegado a tener: *"Se da el nombre de héroes a los hombres que por su sabiduría y su valor se hacen merecedores del cielo"*. En el ideal de San Isidoro confluyen el héroe homérico y el de Hesíodo; el ideal del guerrero que va al cielo existía ya en la antigua Grecia. El ideal heroico cristiano del siglo XI hace las palabras de San Isidoro. Ese tópico de *sapientia et fortitudo* se aplicará a lamentaciones fúnebres, panegírico de soberanos, poesía de circunstancias, etc. En algunos casos, la fuente de inspiración también es el Antiguo Testamento. Una variante de ese tópico es el elogio de los soberanos que, en las culturas hispanomusulmanas, abasida y romana imperial, fue el del monarca entregado a las musas. El tópico *sapientia et fortitudo* pasó al Renacimiento adoptando la forma de tratado sobre los ideales cortesanos. Se concreta en las discusiones sobre armas y las letras. En Cervantes, por ejemplo, aparece en la primera parte del Quijote, en el capítulo 38. La España del Siglo de Oro fue pródiga en escritores que reflejaron ese ideal: Cervantes, Garcilaso, Lope y Calderón. Coincide con la época del Imperio español. Una variante es la fórmula de la pluma y la espada que adquirió un nuevo sentido durante el romanticismo francés: la verdadera nobleza no proviene de la sangre o de las armas, sino del espíritu. Esta posición nos lleva al tópico de la nobleza del espíritu o nobleza del alma que también aparece en Eurípides, Aristóteles y Menandro. Anaxímenes y Séneca también lo enuncian así: cualquiera que tenga una buena disposición para la virtud ya ha nacido noble. Tuvo mucha fortuna este tópico en la Edad Media y fue muy empleado en los proemios. Los siglos XIII y XIV dieron nueva vida a un lugar común ya muy antiguo que refleja el paso de los ideales de la nobleza caballeresca a la nobleza urbana.

También la época helenística había establecido unos esquemas fijos en los panegíricos de los soberanos: hermosura, nobleza, y virtud masculina. Otro esquema recoge cualidades naturales: nobleza, vigor, hermosura, y riqueza. La Edad Media toma esos elementos de la Antigüedad reemplazando a veces las figuras ejemplares antiguas por personajes bíblicos: David para el vigor, José para la hermosura, Salomón para la sabiduría, etc. Estas cualidades y otras se consideran en la tardía Antigüedad como dones de la naturaleza y la Naturaleza tiene la misión de crear lugares bellos y hombres hermosos. Con especial cuidado procede para crear grandes hombres.

El tópico retórico de la *Naturaleza creadora del hombre hermoso* sólo tiene en común con el de *Natura mater generationes* la personificación de la Naturaleza; no tiene el elemento patético o entusiasta de la naturaleza como diosa de la fertilidad. En la literatura posterior el tópico se supera con la intervención directa de Dios en la creación de los seres hermosos.

La especialista Elvira Gangutia (*Alguna notas sobre Literatura Griega y Edad Media Española*), sigue en parte los trabajos de María Rosa Lida de Malkiel, en el sentido que la tradición clásica en España, aunque menos importante que en Italia o Inglaterra, no es tan escasa como se ha señalado. Hay traducciones castellanas y aragonesas de autores griegos y latinos en la Edad Media española; algunas, anteriores a las italianas. Además, se ha podido relacionar algunas obras grecolatinas con otras relevantes de la literatura española; por ejemplo, la *Vida de*

Esopo y los *Asnos* de Luciano y Apuleyo, tienen reflejo en las vidas de Lázaro y del Buscón, y en algunos pasajes no sólo de Rinconete y Cortadillo, sino también del Quijote.

La *Vida de Esopo*, tuvo en España una gran popularidad. Y no debió pasar desapercibida a Cervantes este tipo de pareja viajera, más o menos pícara, del sabio con su criado debió influir también en el *Caballero Zifar*, en el *Amadis*, y en El *Libro de Apolonio*. Según la especialista nombrada anteriormente (María Rosa Lida), la escenificación de la Celestina procede de la comedia nueva y de la novela helenística. Y eso es posible porque algunos géneros comunes del helenismo tardío, documentados desde época muy temprana en Oriente y Occidente, se dan en España también muy pronto. Se concretan en la aparición de géneros fabulosos y multiformes, entre lo oriental y lo griego, con mezcla de lenguas, prosa y verso. De la época helenística grecolatina bebieron la lírica y el teatro españoles, el teatro isabelino, el teatro de Moliere y toda la novela española desde el Quijote hasta nuestros días.

El Renacimiento recreó el mundo antiguo, pero aportó muy poco a la interpretación y crítica de los mitos. Dioses y héroes aparecían gozosamente en la pintura y en la poesía, reflejando el gusto por la vida. Era, sin embargo, algo más que un juego formal; se recurría a lo mítico para expresar una forma de comprender el mundo muy distinto a lo medieval.

No hubo una teoría sobre el sentido mítico que justificara esa reaparición de lo mitológico y pagano; quizá porque los dioses paganos no desaparecieron nunca de la memoria y de la imaginación de los seres humanos.

En el Renacimiento se les invoca con un sentimiento muy diferente al medieval; la mitología se recuperaba como un elemento secundario, porque estaba muy alejada del contexto histórico en que cobró vida. Se recuperaron los mitos, pero desde una perspectiva escolástica y culta; con un distanciamiento irónico, a pesar de la pomposidad con que los recuperaron.

Las teorías sobre el mito como alegorías o deformación de hechos o personajes de antaño de especial grandeza, perduraron en la Edad Media y el Renacimiento. Sin embargo, se trataba de una recuperación de los mitos de forma nostálgica y siempre simbólica. Hay un cierto eclecticismo en la mezcla de motivos helenísticos y cristianos, e incluso en la manera de sentirlos. Se mitologiza de nuevo para recrear nuevas leyendas épicas y, sobre todo, para imaginar nuevamente los mitos. Los dioses antiguos tienen una doble significación: reemplazan a las abstracciones, a las generalidades y vuelven inútiles las figuras alegóricas; por otro, son un elemento de poesía libre e independiente, una especie de belleza neutra que se presta a miles de combinaciones. En muchos casos, se observa una fusión de notas paganas y cristianas. Esta fusión de elementos se encuentra con frecuencia en el arte. La sustentaba una teoría de la concordancia que describía un misterio sagrado en la belleza pagana, concebida como un medio poético para transmitir el esplendor divino. Los mitos encubrían bajo su velo poético, un significado mistérico en el que coincidían los mitos de la tradición pagana y la Biblia. Esta idea de que velaban una antigua y perenne sabiduría encontró una gran aceptación, porque se identificaba el mito con el código cifrado. Con esta valoración de los mitos, cualquier leyenda podía entenderse como clave de sentencia moral. Así, las apariencias míticas no son sino máximas profundas sobre la naturaleza de las cosas que esperan la interpretación y la lectura de los sabios. Plutarco, Cicerón, Apuleyo, etc., iniciaron esa línea. Encajaba esa explicación en la que el saber por enigmas y misterios tuvo muchos adeptos. Se acaba constatando finalmente el parentesco fundamental de esta sabiduría con la de la Escritura; se consideran que todas las religiones se equivalen y que bajo diversas formas se esconde una realidad común. En ese sentido, las alegorías son universales en cualquier manifestación religiosa. Esta simpatía conduce a la interpenetración de motivos paganos y cristianos en un claro y pintoresco sincretismo. Lo más curioso es que las anécdotas y los personajes se funden, de manera que, por ejemplo, el Cristo del Juicio Final se parece a Apolo. Hubo algo más en este descubrimiento. Sirvió para explicar nuevos valores, como el de la belleza del cuerpo o la potencia del amor.

Las exégesis neoplatónicas abrieron inesperadas posibilidades de reconciliación entre la Biblia y la Mitología. El Renacimiento no trae consigo una resurrección de los dioses de la mitología pagana, sino que recogen una tradición medieval. Lo que propone el Renacimiento es una revalorización de la poesía como expresión del mundo, un nuevo saber poético al margen de la teología oficial. En la Edad Media se mantuvieron esas referencias, pero perdieron sus rasgos auténticos porque los revisten de un contenido cristiano que los desvirtúa. El Renacimiento los devuelve a su primer sentido, recobra a los dioses paganos con sus figuras clásicas y se entusiasma con su teología poética. Incluso intentó un sincretismo con la doctrina cristiana, pero luego la mitología volvió a ser erudición alambicada, muestrario de la imaginería antigua. Vieron los mitos como creaciones de la poesía antigua o como ficciones fabulosas y enigmáticas cifradas por unos pocos sabios, más que como las creencias de una comunidad arcaica. Recuperaron los mitos con gracia y fervor, para expresar y representarse el sentido divino de la naturaleza, recogiendo ecos de un antiguo paganismo.

Se entiende por Renacimiento la época que abarca desde 1350 a 1600. En este período la retórica tuvo más importancia que en la Edad Media. Si su dominio no fue tan completo como en Grecia, sí sucedió que, al estudiar los textos de la Antigüedad clásica, se fortaleció y se promovió el estudio de la retórica. Fue, sin embargo, diferente a la antigua y recibió a la vez influencia de los patrones medievales y de otros nuevos y contemporáneos.

La retórica de los humanistas debe ser considerada parte integral de sus intereses y actividades. Proponían combinar elocuencia y sabiduría; es decir, la retórica con la filosofía para revivir de esa manera un ideal ciceroniano. Conocieron la retórica antigua y los comentarios que se hacían de esas obras; pero, como en la Antigüedad y en la Edad Media, se basaron no sólo en tratados teóricos, sino también en colecciones de modelos.

El estilo retórico humanista influyó en la elocuencia sagrada que produjo una combinación de formas clásicas o renacentistas y del contenido religioso. También influyó en todas las demás actividades; por ejemplo, en la escritura de tratados de historia, en los tratados filosóficos o en la incipiente ciencia.

Al proporcionar nuevas alternativas al pensamiento filosófico y científico, los humanistas prepararon el camino a los filósofos del siglo XVIII; las nociones fundamentales de la retórica tradicional quedaron así fijadas para el siglo XVII y el XVIII.

Influencia de la lengua latina

E s en el siglo XV que se manifiesta en la literatura española, con Santillana y Juan de Mena. Hay que destacar que una variedad de helenismos llegaron al castellano a través del árabe.

Una de las altas valoraciones durante el siglo XV es que además de la latinidad, surgieron otras contextualidades por las lenguas originales e históricas. En relación a la preponderancia de lo latino, Mª José López de Ayaca nos indica: "Se descubrieron textos olvidados: las cartas de Cicerón y de Plinio el joven, las Historias de Tácito y los Poemas de Propercio y Tibulo."[33]

Tenemos en el *Poema de Mío Cid*, y en la *Representación de los Reyes Magos*, la resultante de variados latinismos. Es obvia la existencia de cultismos en la poesía del *Mester de clerecía*, y en los aportes de traducción y creación de la labor alfonsina. Pero los máximos representantes del siglo XV, son Juan de Mena (con el *Laberinto de Fortuna*), y Santillana (con la *Comedieta de Ponza*), los más grandes exponentes de la lengua latina. Según lo afirmado por Alvar y S. Mainer estos autores buscaban el 'estilo sublime.' Ya el propio Santillana lo había advertido en su ya prestigioso *Prohemio*. Lo más destacado desde una perspectiva sintáctica (en lo referente a la influencia de la lengua latina) es el uso del participio presente con representación de gerundio y de adjetivos; o el participio presente, en el lugar de una proposición de adjetivo.

El cuento en la literatura medieval

La proyección geográfica de dicho género, en lo relativo a su antigüedad, lo podemos ubicar en lo que es la literatura védica y budista. Su lejanía en el tiempo se presenta por fragmentos novelados de los *Vedas* (textos religiosos de la India). Lo que ha llegado a la modernidad está escrito en verso. Pero los lingüistas e historiadores piensan que en su aspecto más primitivo integraban prosa y verso. Esta narrativa carece de caracteres, pero su finalidad era dar un sentido colorista a la dinámica. La narración era representada por dos sacerdotes, y en sentido general lo hacían por motivos festivos, de sacrificio y de ceremoniales. Confluían en una atmósfera de expectación. Unos, recitaban el texto, y el otro profería grandes exclamaciones. En un sentido específico, se relacionada con lo litúrgico. El *corpus* de mayor importancia son los *Jatakas*. En estas exclamaciones-predicación se ilustran condiciones cotidianas: las confrontaciones entre el cortesano y sus amos. Los procedimientos en el harén, en fin, las apuestas del maestro y sus reflexiones.

En los relatos medievales un sinnúmero de temas provenientes de estos cuentos hindúes nos ilustran de una variedad de temas: el sufrimiento de los humanos por medio de los caprichos de los príncipes. La falsedad de las mujeres (donde belleza física no corresponde con belleza interior), hipocresía de los predicadores y santones. Misoginia, ataques al clero, y la desorganización de la nobleza. El punto nodal se establece con una correspondencia moralizante ante el engaño. Es de vital importancia los relatos de animales, cuyo simbolismo enaltece algunas cualidades: en especial lo de las grullas y el asno.

Hay otros temas-relatos donde se incorpora el sufrimiento de los humanos: vicios, enfermedades y heroísmo del más despreciado. A juicio del profesor Rodríguez Adrados (y compartido por la estudiosa Fernández Savater), quienes dilucidan sobre los grandes temas del Oriente y el Occidente: "Creo haber demostrado en varios trabajos, que desde muy pronto, desde el mismo siglo IX, entraron en la tradición latina fábulas griegas procedentes de Bizancio (y que, a su vez, pueden ser de origen griego o de origen oriental."[34]

Las colecciones de los textos hindúes del *Panchatantra*, se identifican en una antigüedad oscilante entre los siglos II y VI d.C. En la actualidad están perdidos. Esta colección pertenece al género de los *Nitizastra* (especie de guía del hombre para caminos laberínticos). Estos no son diferentes de los *Jatakas*. Hay alternancia entre verso y prosa. Se llega a la exaltación de la prudencia, el ingenio sobre el heroísmo y el valor. Donde se reflejan estos temas en la lengua castellana es en la obra *Calila e Dimna*. La literatura grecolatina es influenciada por el lejano oriente, en torno a los siglos VII y VI a.C. Este acontecimiento va unido a una fuerte penetración de carácter religioso. Los eruditos incluso creen que los relatos del mundo griego pudieron provenir de tiempos anteriores a los descritos. Y que posiblemente devienen de fábulas de la civilización mesopotámica. Todo da a entender que fueron los jonios de Asia Menor los transmisores. Hesíodo integra en sus relatos la fábula de Azor y el ruiseñor. En Arquíloco de Paros, las fábulas del zorro y el mono y la venganza del zorro frente al águila. En ambas hay una protesta frente a lo arbitrario y lo despótico. Hay un poderoso influjo de naturaleza hindú o mesopotámico en la *Novela de Esopo* (se conserva originalmente en un manuscrito del siglo X), pero su origen es proveniente del lejano Egipto de la época imperial. Su temática puede ser histórica, pero la narración es esencialmente de ficción fantástica: un esclavo frigio que va de país a país, y muere en Delfos, como consecuencia de la mala astucia contra él y por la envidia. Apolo venga su muerte y le glorifica. Ya para el siglo VII a.C. surge el famoso tema de los Siete Sabios (número sin lugar a dudas de influencia oriental). En la *Epopeya de Gilgamesh*, los siete sabios son la representación de los siete visires del *Sendebar*. En Grecia adquiere su perfección la fábula con Fedro o Feder (liberto de Augusto), demostrándose empero la movilidad de influencia Oriental hacia el Occidente medieval. Con el título de *Isopote*, ya se manifiestan diferentes relatos medievales que van desde María de Francia a *La vida del Ysopote con sus fábulas hystoriadas*, en los finales del siglo XV.

Literatura Islámica y sus proyecciones

E sta literatura fue el factor de transmisión de las colecciones de naturaleza hindúes, en la Edad Media y luego hacia el contexto primitivo cristiano. El conocimiento que se dispone del contexto hindú, es del siglo X. Este es el tiempo en que se matiza y adquiere estatuto de desarrollo las invasiones islámicas, y es por éstos que se conoce el lejano Oriente.

El denominado periodo Abasí (con el trabajo de los secretarios), es el que da mayor esplendor en esta literatura. Entre estos autores, destaca el del persa Ibn-al-Muqaffac. Es original de él las *Epístolas*, y sus *abab*. Además tradujo la colección *Kalila Wa- Dimna*, a través del texto Pahleví (desaparecido hoy en día, pero es proveniente del *Panchatantra*). Se considera que el texto *Libro de Barlaam y Josafat*, fue adaptado del *Kita Bilawhar Wa- Yudafa*, por el secretario Ibn- Babuya. Es conocida la influencia de este texto en el *Libro de los Estados*, de don Juan Manuel.

El cristianismo se valía del cuento como móvil para expandir sus valores ortodoxos. Muchos de los episodios del *Vitae Patrum*, y versículos del Corán tienen un origen común. Los relatos sobre los eremitas se hicieron en griego, copto y lenguas orientales, luego fueron traducidas al latín en fecha previa al siglo VIII. Pero en los siglos II y III, se conocen una variedad de relatos sobre milagros y peregrinaciones. Ya para finales del siglo IV, la religión Aetheria había publicado sus narraciones de viajes. En ellas describía su vida por Palestina, Jerusalén, Egipto, el Sinaí y Mesopotania. La obra el *Espéculo de los legos*, está influenciada por estas fuentes culturales e históricas. En pleno siglo VIII, aparecen los relatos de los martirologios.

La comprensión de que el primer trovador fue Guillermo

IX, conde de Poitiers y duque de Aquitania; y que fue un comba-
tiente en Oriente y en Andalucía, nos demuestra que su relación
con la cultura árabe, y en especial con el Islam provino de la corriente mística del sufismo. Esta corriente se acopla en una línea
heterodoxa cuyo horizonte es el amor hacia la divinidad. Este
trovador engrandece la fusión de la sensualidad que depara la
vida, incluyendo el deleite de la embriaguez. Este impulso hacia
la materialidad del éxtasis podría contravenir con el ascetismo
de la mística tradicional. Pero todo parece indicar que la presencia de la dama simbolizaba un signo interior de la psiquis; tal
como lo hizo San Juan de la Cruz (en el siglo XVI), con el signo
de la 'amada'. Como lo realizaron anteriormente a él, las mon-
jas de la Provenza y las beguinas con el *Cantar de los cantares*
(libro atribuido a Salomón). Tanto la mística Santa Teresa como
San Juan de la Cruz tuvieron problemas con la Inquisición. Pero
en realidad toda esta línea estética proviene de la influencia sufí.
Pero la influencia también proviene de las tradiciones avésti-
cas y de la simbología irania. El atractivo platónico deriva del
mito del andrógino primordial que sustenta la interpenetración
de dos principios opuestos en el seno de la existencia (mascu-
lino-femenino).Pero también los poemas de influencias sufíes
muestran el extraño vínculo con el dualismo persa de Zoroastro
que hace convivir en la esencia de todo lo perceptible dos principios de radical oposición de donde provino la vida. Hasta el
punto que la doctrina sufí fue considerada herética para el Islam
ortodoxo.

De acuerdo con el investigador Denis de Rougemont (*El
amor y occidente*; Ed. Kairos, 1993), desde La España–árabe-
andalusí provino el cantar de los trovadores hacia la Provenza
durante los siglos IX y X, respectivamente. Otro investigador
en el tema Ernest Scott (*El pueblo del secreto*; Ed. Sirio, 1990),
elabora la tesis de que la influencia de esta corriente planificó
bien un programa para Occidente logrando alterar la misma
historia e influenciándola. Otros ven en esta corriente una forma

de hacer pervivir la liturgia albigense de la Iglesia del Amor que tuvo su epicentro en la región Occitana de Francia, y que fue destruida por la inquisición y los ejércitos vaticanos.

La labor cultural sufí va más allá, porque al incorporar el pensamiento avéstico de signo maniqueo, estaban afirmando la tendencia gnóstica del dualismo cosmogónico. Uno de los posibles caminos llegó del Oriente Próximo, siendo los Balcanes una de sus cunas (denominándose en Bulgaria los bogomiles). En su ruta posible llegó a Italia y se asentó en la Occitania francesa hacia 1140. En 1245 el papa Honorio III, prohibió la lengua de Oc para todo el territorio donde operaban los trovadores. En 1277, el obispo de París, Étienne Tempier prohíbe el Manual de Andrea Capellanus (la doctrina del amor cortés). La poesía de los trovadores y el ritual del amor cortés fueron influenciados por las leyes poéticas provenientes de poetas árabes como Al Gazali, Al-Hallaj, Omar Ibn Al-Farich o Ibn Al-Farich.

Todo indica que la presencia de los trovadores y sus poemas enmascaraban los antiguos mitos y los cultos paganos bajo el dominio de la diosa como: Isis, Venus, Diana, Artemisa, Ceres, o Cibeles; así como los dioses Dioniso, Atis y Serapis. Todos involucrados en el culto secreto de la sexualidad y la inteligencia emocional iniciática. La versión de Ernst Robert Curtius es atinente al respecto en su tratado *Literatura europea y Edad Media latina* (Ed. Fondo de Cultura Económica, 1999).

No por azar es una mujer quien da el impulso a las instituciones de expansión trovadoresca: Leonor de Aquitania (nieta de Guillermo IX), la mujer más rica de Europa, dueña de todas las tierras que se expandían por el Loira y los Pirineos, y abarcaban desde la Auvergne hasta el Atlántico. Precisamente la Provenza es un territorio central en estos dominios, de donde ella provenía. Fundó la primera Universidad europea dedicada a la poesía, así como una Academia de las Artes. Mandó a redactar un documento formal sobre la cofradía de los poetas llamado *De Arte Honeste Amandi*, donde se exponían algunos reglamentos simbólicos e imaginativos sobre ciertas prácticas y cultos. En el Manual redactado por Andrea Capellanus, se inscriben algunas prácticas del tantrismo hindú. Las leyes de represión establecidas por el vaticano cercenaban las enseñanzas culturales de los trovadores (llámese *trovar clus*). En 1323, siete trovadores iniciaron un esfuerzo para revivir la lengua occitana y renovar las leyes poéticas de los poetas-trovadores (*Gay saber*). El impulso para revitalizar vino desde Toulouse; el afamado poeta Guillermo Moliner redactó las famosas leyes poéticas conocidas como *Lois d' Amour*. Dicha celebración se realizaba siempre un primero de mayo, y fue dedicada a la deidad *Beltane* de signo Druida (cuyo icono fue una violeta de oro). La mecenas del *Gay saber* fue la sacerdotisa de iniciación pagana Clemencia Isaura. Por ella se extendió por toda Europa el gusto por el arte del amor cortés. Su presencia en el humanismo italiano tuvo como escenario al grupo de poetas conocidos como *Dolce Stil Nuovo*, al que pertenecía el gran Dante Alighieri.

En la tradición más próxima quien adaptó las formas italianas al castellano fue Garsilaso de la Vega: se trataba de acoplar el endecasílabo al español. La labor fue iniciada previamente por el marqués de Santillana (siglo XV), con sus *Cuarenta y dos sonetos feitos al itálico modo*, basamento que sirvió de prestigio al Siglo de Oro de las letras españolas.

Literatura Peninsular

Es principalmente en Hispania donde se escribe la más importante colección de cuentos orientales, en lengua latina. En la primera mitad del siglo XII, se publica la *Disciplina Clericalis*, de la autoría de Pedro Alfonso (o, Rabí Moseh, antes de convertirse al cristianismo). Escribió otras obras de fuerte influencia medieval: *Dialogi contra judaeos* (en esta acierta con su crítica a los judíos). Y de raigambre o naturaleza metafísica: *Scientia et Philophia*. En la primera, sus consejos varían desde la amistad, del amor, las mujeres, la brevedad de la vida y la muerte. Sin embargo, es Jorge Manrique quien adoptará estos temas dándole quizás un aprecio 'moderno'. El interés de Pedro Alfonso era imbuir ciertos valores en los monjes y clérigos. Los relatos de *Disciplina Clericalis,* proceden de *Kalila Wa- Dimna*. Se puede considerar a esta obra como la primera entre los europeos que es de fuente oriental. Sólo se conserva un manuscrito en castellano. Logró influenciar en Bandello, Chaucer, el *Caballero Cifar*, *Donen lo fabliaux*, *Gesta romanorum,* en Hita, y don Juan Manuel.

En el siglo XIII, se expresan los inicios de la prosa castellana. Son sus impulsores la Corte alfonsina, los originales árabes (que serán la materia primigenia) para las traducciones. La primera prueba reside en el *Libro de Calila e Dimna*, y el *Libro de los engaños*. Pertenecen a estos inicios *Los castigos e documentos del rey don Sancho,* texto construido en la forma del *Solwan*, del autor de Sicilia, Aben Zafes, o del libro *Collar de Perlas*, del rey de Tremecén Abbhan. El texto del que hacemos referencia hace un uso diverso de citas y pormenores, como de la Biblia, Cicerón, Séneca, Boecio y Valerio Máximo. Existen una gama de narraciones que van en la dirección de la *Discip-*

lina Clericalis. Toda esta tradición será recuperada por don Juan Manuel en el siglo siguiente. Es atinado afirmar que a partir de *Sancho IV el enxemplo*, la comprensión de un razonamiento, un argumento y un proceso ilustrativo se harán permanentes en autores posteriores, desde Juan Ruiz a Talavera. En la obra *Los Castigos*, se introduce el argumento por el tipo de público que desea saber sobre los *enxemplos*. La investigadora Mª Victoria Fernández Savater somete a consideración tres puntales básicos en el *exemplum:* "su brevedad, su finalidad persuasora y didáctica y su dependencia de un relato más amplio."[35] En cuanto a la primera división la investigadora analiza varios de éstos (extensos y breves), y acaba reconociendo la problemática de definir estos textos que poseen una variedad de formas. Pero en lo referente al aspecto psicológico y pedagógico nos muestra que: "El predicador con todo el variado material de los ejemplarios, puede también divertir y provocar la risa en su auditorio por medio de historias populares y cuentos maravillosos."[36] Esto nos da a entender que el *exemplum* va en función de lo didáctico, y al mismo tiempo alcanza un nivel de persuasión, lo que lo separa del sermón, y le confiere estatuto de relato.

Procederemos a esbozar algunas consideraciones generales sobre la incidencia e interpretación de los mitos clásicos en Calderón.

> *"En que se confronten*
> *Divinas y Humanas Letras*
> *En consonancia amigas*
> *Y en la Religión opuestas".*

El dramaturgo expone su intención de conjugar el misterio pagano y el misterio cristiano. Aprovecha el bagaje simbólico de todas las tradiciones con las que se relacionó: la judeo-cristiana, la vertiente gnóstico-maniquea del cristianismo (orientalismo, jeroglíficos y cábala) y la grecorromana.

Calderón concibió el mito como generador de argumentos y tradición de una conciencia colectiva, entendiendo la religión católica como 'mitología verdadera'. Al establecer una identidad a las 'Divinas' y 'Humanas' letras, reconoció la unión entre la retórica y la literatura grecolatina y la historia sagrada. Formalmente las 'mentiras poéticas' eran una odisea para hacer presente la Revelación del espíritu en Cristo. Frente a la visión racionalista que relegó los dioses a fantasías y errores de espíritu humano, Calderón reinterpretó los mitos convirtiendo a Jasón, Teseo, Pan, Orfeo, Perseo, etc., en alegorías del verdadero Cristo.

Haremos una breve sinopsis de los dramas mitológicos calderonianos más representativos.

-el drama mitológico y los dos autos *Psiquis y Cupido* mitológico titulado: *amor se libra de amor* (1662), y un auto sacramental de 1640 revisado y versionado en otro auto sacro de 1665. El argumento del primer auto adapta la trama de la historia narrada por Apuleyo en *El Asno de Oro*, como una alegoría de la Redención. Las religiones del mundo se personifican en la Gentilidad y el Judaísmo, con sus esposas la Idolatría y la Sinagoga, hermanas mayores de Psique alegorizada en la figura de la Fe.

El amante secreto es la personificación de Cristo en la figura de Amor (Cupido). El encuentro mítico entre Psique –Cupido/Fe- Cristo se reproduce en la mística alcoba del Alcázar.

En el drama *Ni amor se libra de amor*, se muestra un declive del culto venusiano con la aparición de un ideal de belleza (Psique) accesible al corazón de los hombres. Erich Neuman escribe que la acción de Psique pone fin a la edad arquetípica en que el género humano dependía del poder de los dioses. En la novela de Apuleyo, Lucio iniciado en los misterios de Isis, renace, muriendo simbólicamente, al recuperar su forma humana. Con la llegada de Psique comienza la edad en la que el alma depende del amor humano y de su propia resolución.

–el auto de *El Verdadero dios Pan*.

Según Plutarco, en su *Defectu oraculorum*, el capitan Thaunus oyó desde la nave próxima a la isla de Paxis el grito de que Pan había muerto, coincidiendo con la profecía del Mesías y el fin del politeísmo. Al final del auto este clamor se representa con el jubiloso grito del Demonio: "Es el dios Pan el que ha muerto". Sin embargo esta expresión de victoria no es sino una reinterpretación del relato plutarquiano como la muerte de Cristo, el verdadero dios Pan, seguida de una inmediata resurrección.

Esta versión calderoniana será retomada por filósofos románticos como Schelling en su *Filosofía de la mitología*, como ilustración docta de mitos griegos.

Varios autores de la época helenística como Proclo y los Padres de la Iglesia como Clemente de Alejandría, en el *Corpus hermeticum*, ya incluían la tradición de profecías sibilinas de la 'venida de Cristo'. El hermetismo, el platonismo, el orfismo y la Cábala pasaron a Dionisio Areopagita en *Los divinos nombres*. Esta exégesis alegórica influyó notablemente en el platonismo florentino, liderado por Pico Della Mirándola, que traspasó las fronteras españolas y fue decisivo en la vida intelectual de los siglos XVI y XVII hispánicos.

–el drama mitológico *Fortunas de Andrómeda y Perseo* y auto sacramental *Andrómeda y Perseo*.

El antagonista de Perseo en el drama, Fineo, se transfigura en la figura del Demonio en el auto. En éste, Perseo rescata a Andrómeda de las garras de Finis-Ero, muriendo y resucitando, alegoría evidente del misterio cristiano. La personalidad mítica del monstruo ha sido sustituida por la presencia de las fuerzas del mal. El demonio en los autos mitológicos tiene poca salida con los dioses helénicos, al contrario que en autores medievales como Santo Tomás o en escritores contemporáneos del siglo XVII como John Milton o G. I. Voss.

-auto y drama mitológicos de *El divino Orfeo*.

En la segunda versión de *El divino Orfeo*, el príncipe de

las Tinieblas expresa su envidiosa admiración ante la mezcolanza que presenta el Cristo-Orfeo. Éste porta en su bajada al Reino del Olvido un arpa-cruz en clara alegoría con la crucifixión. Lo que envidia el representante de las fuerzas malignas, voz del dramaturgo, es esta síntesis de cultura cristiana y cultura pagana. La Biblia y *las Metamorfosis de Ovidio*, fueron en ambas obras fuentes imprescindibles.

Dos de los grandes entusiastas calderonianos, Valbuena Prat y Parker no prestaron atención a estos autos que denominaron 'dogmáticos', que consideraban 'muy bellos' y de 'una grata analogía de los dogmas' pero 'sin que llegase a deducir alguna significación nueva o especial'. Esta interpretación es algo mecánica y descuida el profundo sentido de la unión de las tradiciones y arquetipos pagano-cristianos.

-otros dramas mitológicos.

Calderón trató otros mitos en diferentes obras quizá de forma no tan extensa. Tomando las fuentes ovidianas ilustró las fábulas de Daphne y Apolo en *El laurel de Apolo* y *de Eco y Narciso,* en la égloga dramática del mismo nombre. Una clara semblanza de la batalla de Dios contra Lucifer, también con base en la Metamorfosis, en concreto el triangulo conflictivo de Faetón-Tetis-Peleo, es el drama *El hijo del Sol*, Faetón. Calderón culmina su obra mitológica con una original interpretación de la historia de Prometeo. Sus fuentes fueron el tratado *Genealogía Deorum,* de Bocaccio y *Philosofia Secreta,* de Pérez de Moya. Prometeo y Epimeteo representan la dicotomía filosófica entre la razón y la pasión, problema platónico que preocupó especialmente a la escuela de Ficino en el Renacimiento.

Calderón dramatizó el mito de Ulises en tres obras: *El mayor encanto amor*, drama mitológico estrenado en la noche de San Juan de 1635, en el estanque del palacio del Buen Retiro.

Los encantos de la culpa, versión sacra de la obra anterior, estrenada doce años después en Madrid.

El golfo de las sirenas, estrenada el 17 de enero de 1657, en el Palacio de la Zarzuela. También existe el drama *Polifemo y Circe*, la autoría de cuyo tercer acto pertenece a Calderón.

El asunto de los dos primeros dramas se centra en el mítico encuentro entre Ulises y Circe. Ulises empieza resistiendo en ambas obras la magia de la hechicera con ayudas sobrenaturales, simbolizadas en un ramillete de flores que le entrega la ninfa Iris en el drama profano y la Penitencia en el auto sacramental, que corresponden a la original planta de raíces negras que utiliza Odiseo en el poema homérico. En las dos versiones Ulises sucumbe finalmente al deseo, sin embargo en el auto se hace patente el ciclo católico de pecado-arrepentimiento-penitencia-pecado-fuga de Ulises. El héroe griego frenará este ciclo poniendo distancia entre el deseo y 'los encantos de la culpa'.

En *Los encantos de la culpa*, los cinco sentidos aparecen personificados, ya en armonía con las tentaciones que ofrece la hechicera o frenados por el Entendimiento. Aun así, la Penitencia posee también cierto atractivo: 'es cierto/que ásperas son al principio/cuanto son fragantes luego' (las flores entregadas a Ulises.) Esta doctrina eutrapélica aparece recogida en la *Introducción a la vida devota de San Francisco de Sales*, libro popular con cierto carácter cabalístico en el que la actitud más recta consistía en ser indulgente con las propias imperfecciones. Calderón empuja al extremo este concepto en obras como 'los encantos de la culpa', en las que el lenguaje mundano consigue ser el mejor método didáctico.

Otra escena reinterpretada de la doctrina judeo-cristiana a través del paganismo es la mesa orgiástica sobre la que disfrutan de un banquete Ulises acompañado de los Sentidos y Circe. Al final de la obra esta mesa se transforma del Eros pagano al Ágape eucarístico, la cena de amor en la que se instaura la eucaristía. En la vivencia de este misterio coexisten el cuerpo del creyente y el de Cristo presente realmente en las especies consagradas de pan y vino. Los sentidos se transforman metafóricamente en sentidos espirituales.

Esta interpretación sacramental supone una tensión entre lo profano y lo sagrado protagonizada por el hombre que como ser vivo está dotado de cuerpo y alma. La obra barroca gozaba de esta dicotomía contradictoria, recordemos en este sentido los dos magníficos cuadros de Velásquez *La Venus del espejo,* y *El Cristo crucificado*, como ejemplos de belleza corporal y espiritual. La representación del amor humano junto con el amor de Dios en los autos sacramentales tiene como precedentes teológicos a Orígenes, Clemente de Alejandría, San Agustín y Dionisio Areopagita.

El hombre barroco en su expresión artística, como ya hemos apuntado, se aferrará a la razón, pero también al mito, afirmando cada vez con más fuerza su subjetividad en función de la naturaleza y la imaginación. No excluirá ni el cuerpo ni la sensualidad al medir racionalmente la aparición mundana y conjugarla como metáfora divina.

El Ulises Cristiano: se enfrenta a la fealdad del pecado enmascarada en una tentación irresistible para el intelecto: la imaginación y los sentidos. Para vencer esta atractiva lascivia, Ulises se vale únicamente del entendimiento y en último extremo de la gracia y astucia de la Penitencia.

Ulises reencarna en el auto el *cristiano Ulises*, nueva moral accesible, ya que el pecador, con la cordura y la virtud (en definitiva la astucia), logra vencer con heroísmo su propia culpa. Calderón forja una imagen contemporánea del mito que configuró a la medida de una moral contrarreformista enfrentada a la austeridad de la Reforma de Lutero y Calvino. Pinta una personalidad original y brillante alejada del hombre estoico del Humanismo renacentista, del hombre erasmista, del *mediocritas aurea*, o del *Cortesano,* de Baltasar de Castiglione. De la misma época son las interpretaciones totalmente diferentes del Ulises en la pluma de René Rapin en *La comparaison entre Virgile et Homère* (1688), donde se desmitifica la figura del héroe.

Los orígenes de este Ulises cristiano y católico de la

Contrarreforma datan del comentario del filósofo cínico Antisthenes al nombre de *polytropos*, atributo del personaje que interpreta el arte de adaptar las figuras retóricas al espectador y la circunstancia. Así Ulises se refiere a él mismo en *Polifemo y Circe*, como 'griego de nación/hijo de mis obras solamente/ y así es mi nombre Ninguno'. Ulises racionaliza la moral en términos de astucia, del hombre 'peregrino del mar' que en el naufragio de la vida es un viajero experimentado dispuesto a adecuarse a cualquier mudanza. Esta interpretación coincide con la de Baltasar Gracián en su obra *El Criticón*, donde, si bien presenta a la hechicera Circe como algo exageradamente monstruoso, comparte el concepto de *polytropos* del Ulises calderoniano.

Calderón ampara al héroe griego con la razón del personaje del Entendimiento que ya desde Heracleitos en sus *Alegorias*, de Homero se presentaba con la figura de Hermes, dándole a Ulises la planta para protegerse de la magia de Circe, momento que recoge Pérez de Moya en su *Philosofía Secreta* (1585), en el auto, las flores que le entrega la Penitencia.

En definitiva, la figura mitológica se transforma en el emblema del poder sacramental instituido por Cristo y administrado por la Iglesia frente a la magia de la Culpa, recuperando la esencia del concepto de astucia primigenio del poema homérico.

La reinterpretación calderoniana de Circe: pero antes, deberemos prefigurar la personalidad femenina en Calderón.

Ya en comedias como *Peor está que estaba*, el personaje femenino demostraba un carácter desenvuelto y arriesgado producto de la autonomía sobre su propia vida que si bien no correspondía a la realidad de la época, sí posicionaba la actitud del dramaturgo hacia la figura de la mujer.

En el caso particular de los autos sacramentales Calderón excluyó la visión prototípica de una mujer tentando al Hombre. La belleza y sensualidad de las actrices representaba más frecuentemente la figura de la naturaleza humana en autos sacramentales como *El diablo mundo*, que la personificación del mal.

La naturaleza humana era pretendida por dos actores varones interpretando la naturaleza divina (Cristo) y el Demonio. La mujer como seductora del hombre en los autos cede a la escenificación de la tentación de la naturaleza humana en el papel de amada o esposa de Cristo.

En el teatro mitológico la actriz correspondía perfectamente a la feminidad arquetípica que el autor deseaba expresar, como es el caso de las dos Circes. En *La hija del aire*, sin embargo, aparece la figura de una madre terrible o 'madre mitológica devoradora' que adopta el papel de protectora obsesionada con sus hijos.

Calderón sigue la pauta de una personalidad femenina que adopta una gran variedad de registros y formas que surge en todos los géneros dramáticos que cultiva.

La Culpa (Circe) aunque 'fiera y cruel' aparece 'afablemente humana y dulcemente lisonjera' como muestra de una exquisita tentación a la que el héroe griego debe sucumbir. Circe ofrece a Ulises un disfrute paradisíaco lleno de delicias y sin freno de Sentidos e Imaginación. El 'encanto del amor' se transformará en 'encanto de la culpa'.

Tanto en el auto como en el drama, Circe aparece como una hechicera no sólo adornada de belleza física sino también de belleza intelectual. Practicaba habilidades retóricas y filosóficas, siendo su magia el significado de las cosas divinas y naturales y siendo 'mago' o 'maga' un mero filósofo. Por ejemplo la quiromancia, arte mágica practicada en el siglo XVII, según Caro Baroja en *Vidas mágicas e Inquisición*, incluía una clientela culta preocupada tanto por temas cotidianos como por dudas metafísicas.

Ulises, 'el hombre ingenioso', se topa con su propio deseo explícitamente personificado en los Sentidos y por las transformaciones que sufren a manos de la hechicera. El Hombre se vale de su cautela y de la ayuda del Entendimiento, como ya hemos dicho, pero realmente él no se enfrenta a una figura femenina real, sino a la alegoría de su propia Culpa interpretada por una actriz.

Aunque en *Los encantos de la culpa*, el dramaturgo la defina como una 'maleficiosa hechicera' en el posterior auto sacro la dotará de erudición humanística.

La Circe calderoniana representa un nuevo mito del *Eros* femenino como lo es el Don Juan de Tirso de Molina del masculino, siendo no sólo sensual y libertina, sino también inteligente bella y sabia.

En el teatro de Calderón, Circe juega un papel esencial en un grupo de encantadoras entre las que destacan Falerina de *El jardin de Falerina* o Escila y Caribdis de *El golfo de las sirenas*.

La figura de las sirenas: del monstruo a la mujer. Debido a su carácter de ser propiamente mitológico, es decir producto de los dioses griegos —tanto Circe como Ulises eran humanos— y al ser una temática menos tratada, intentaremos ofrecer una visión detallada de su figura.

En primer lugar ofrecemos un esquema de la visión de la cosmogonía de Hesíodo donde se explica la génesis de las sirenas. Pontos (Mar) y Gea (Tierra) se unieron en el huevo cósmico teniendo tres hijos: Phorkys, Keto y Nereus. Doris, hija de Océano, fue casada con Nereus, dios griego del mar, que poseía el poder de metamorfosearse voluntariamente en Tritón. Del matrimonio surgieron innumerables Nereidas, como las guardianas de lagos, las ondinas, o de los ríos, las sílfides. Entre ellas se encontraban las sirenas, hijas del mar.

Otro origen dentro de la mitología griega las suponía hijas del río Aqueloo y de la ninfa Calíope. La diosa Ceres, en este caso, las transformó en aves habitando en lugares escarpados. Esta iconografía de mujeres-pájaro persistirá en los bestiarios medievales, y en la escultura como en la Catedral de Saint Benoit-sur-Loire.

Posteriormente reaparecieron las anteriores sirenas cola

de pez, habitantes de islas rocosas y arrecifes. Algunas de ellas conservaban las alas y se comportaban como sus hermanas las silvas del elemento aire.

Para Robert Graves en *Los mitos griegos*, el origen mitológico de la palabra 'sirena' proviene del verbo griego seirazein (secar). El nombre de 'nereida' significaba 'mojadas', esta dicotomía diferenció posteriormente a las nereidas que salvaban de los peligros a los marineros y a las sirenas que eran quienes los provocaban. En la Edad Media, en Inglaterra se diferenció entre las 'mermaids' o hijas del mar, de las 'sirens' o sirenas clásicas. También se las conoció como 'morgana' del irlandés 'Murgan' (la nacida del mar) o como variedad del norte de Escocia, las 'Silkies', donde se representaban como mujeres mágicas escondidas bajo un abrigo de piel de foca.

La leyenda les atribuía un canto dulcísimo con el cual abocaban a los caminantes hacia las rocas con el propósito de devorarlos. El mito de las sirenas es uno de los más duraderos a través del folclore de muchos pueblos marineros. Autores como Aristóteles, Plinio, Ovidio, Higinio o libros de amplia difusión en la Edad Media como *Physiologus* (siglo II d. C.), contribuyeron a consolidar su figura en el plano literario. La cita literaria más antigua que existe sobre ellas se encuentra en *La Odisea*, de Homero, en el que Ulises prevenido por Circe y tapando a los marineros los oídos con cera, se hace atar al mástil de la nave para atravesar el estrecho donde habitaban las sirenas.

Ya en el Medioevo aparecieron las llamadas 'sirenas de doble cola' que se pueden observar en el tímpano de la capilla de San Miguel, en Aiguilhe de Puy o en la forja de la nave lateral derecha de la Catedral de Cuenca. En los ciclos melusinianos son presentadas como 'Hadas-víboras' que habitaban en la región francesa de Poitiers, como narra Jean d'Arras en su novela *El libro de melusina o la noble historia de los Lusignan* (1387).

En el entorno Hispánico las sirenas han encarnado diversas formas, expresiones de la voluntad popular; por ejemplo las lamias de las tierras vasco-navarras, las 'vell-marís' de Cataluña y Baleares o las 'sirenas de Finisterre' de Asturias y Galicia.

Adentrándonos en las letras hispánicas los testimonios del mito de las sirenas ofrecen amplias interpretaciones. En *La Celestina*, Pármeno indica para referirse al género femenino como 'canto de la sirena que engaña a los simples marineros con su dulcor'. El mito de las 'sirenas asesinas' desde el siglo XVI arraigó en autores que, de una u otra manera, empleaban su imagen para referirse al poder maléfico de algunas mujeres. Uno de ellos, Antonio de Torquemada, en su *Jardín de flores curiosas* (1570), admite su existencia considerando, sin embargo, "fábula lo de la dulzura de su canto con todo lo demás que se cuenta de ellas". Juan Pérez de Moya en su *Philosofía Secreta*, las definía como metáfora de "algunas mujeres que por deseo de tener abundancia de las cosas se someten a la torpedad de la lujuria". También podemos encontrarlas en las leyendas de los libros de emblemática. Diego López las considera como "música y dulce armonía, significados aquellos de entretenimientos, vicios, y deleytes", en su obra *Declaración magistral sobre los emblemas de Andrés Alciato* (1655).

Tras esta introducción pasaremos a tratar el mito de las sirenas en el drama calderoniano. El 17 de enero de 1657, fue representada en un único acto 'la fiesta de la Zarzuela', *El golfo de las sirenas*, en la corte del rey Felipe IV en el Palacio de la Zarzuela. La denominación 'fiesta de la Zarzuela' se refería a 'representación dramática, a modo de comedia, con sólo dos jornadas, llamada así por haberse hecho la primera en el Real Sitio que llaman de la Zarzuela' (*Diccionario de la lengua castellana*, edición de 1739). Muchos críticos consideran las obras de Calderón como los antecedentes del género de la zarzuela, donde presentaba una 'fiesta' que incluía loa, drama, y mojiganga, siendo alguna de las partes cantada. Así *El jardín de Falerina* (1648), o el propio *Golfo de las sirenas*, donde las cuatro sirenas y Caribdis entremezclan texto hablado y texto cantado.

Esta aclaración se hace necesaria para la correcta interpretación de la figura mitológica de la sirena.

En *El Golfo de las sirenas*, Ulises encuentra monstruosas criaturas: Escila y Caribdis y cuatro sirenas. Las diferencias con el poema homérico son tres. En la *Odisea*, los oídos de los marineros de Ulises, como ya hemos dicho, están taponados con cera, pero en la versión de Calderón están tapados también los ojos. Ulises encuentra las sirenas antes de encontrar a Escila y a Caribdis, en el drama este orden se invierte. Ulises pierde seis marineros con la primera en el poema de Homero; en el drama español todos los tripulantes regresan a salvo. En Homero, Escila es un horrible monstruo que vive en la cueva de un acantilado, posee doce pies y seis largos cuellos; Ovidio transformó su monstruosa anatomía dotándola de la cara de una virgen pero en la mitad inferior de su cuerpo es de espantoso aspecto. En Calderón el 'monstruo' no se exterioriza ya que Escila es una hermosa cazadora representada por una bella actriz femenina. Lo monstruoso reside en la tentación, signo del poder del maligno. Caribdis también es transformada de una horrenda figura animalizada, a una hermosa muchacha con una tentadora voz, 'deidad del mar' muy similar a las sirenas que la acompañan. Ambas sintetizan los encantos que había mostrado la hechicera Circe. Escila simboliza con su belleza y su palabra 'el encanto de la vista y el entendimiento' y Caribdis con su prodigiosa voz 'el encanto de la música y los oídos'. Finalmente Dante, el poder de la razón y la revelación, aconseja la huida a Ulises; éste después de meditarlo responde:

> "No se diga
> de Ulises, que envilecer
> una voz, o una hermosura
> su valor pudo, después,
> que en Circe hermosura, y voz
> vencer supo".(1232-1238)

El tratamiento calderoniano de ambos monstruos queda equiparado al de su corte de cuatro sirenas. Éstas representan la figura de mujeres-pez de aspecto virginal y voces prodigiosas que precipitaban a los arrecifes a los marineros del lugar, como Alfeo. Su aparición corresponde al final de la égloga piscatoriana –que es como define Calderón al texto dramático–. A pesar de ello, su importancia se remite no sólo a reproducir el poema homérico, con la leve variante de los ojos vendados y taponados los oídos del héroe griego (simbolizando la tentación rechazada de la vista y el oído), sino que al ser su texto cantado conforman el clímax principal.

Las sirenas sintetizan los monstruos que habitan el golfo siciliano de Mesina (según la *Geografía,* de Estrabón), Escila y Caribdis, Reúnen la melodiosa voz de ésta –recordemos que Caribdis aparecía con un velo sobre su rostro sabiendo que su único encanto era su voz– y la belleza virginal de aquella. Así como ambas aglutinan las tentaciones de la hechicera Circe, su cortejo sirenaico es un compendio de su dicotomía.

Una vez más, el dramaturgo ha ilustrado su obra valiéndose de una alegoría cristianizante (Ulises vuelve a ser un Ulises cristiano que, guiado por la razón, además de Dante, y de la revelación divina, consigue huir de la 'monstruosa' tentación) con la novedad del género de la zarzuela y de figuras mitológicas que conforman una de las muestras más complejas y variadas de personajes femeninos.

Los escritores medievales españoles y la asunción del género literario.

L a escuela provenzal tuvo un gran referente en España: el señor Ramón Vidal de Besalu. Este escritor se expresaba en el idioma vigente en el sur de Francia, en el idioma de los trovadores occitanos. Su presencia como poeta fue en los inicios del siglo XIII. [37] La permanencia de este poeta y su actividad cultural devino en la creación de la primera gramática en lengua romance, llamada *Razós de trobar*.[38] El alcance y la popularidad de esta lírica trovadoresca abarcó desde el estrato culto hasta el llamado vulgo. Diseminándose entre las distintas teologías: cristianos, judíos, y musulmanes.

El mismo autor justifica su gramática ya que considera que los espectadores pueden equivocarse sobre el nivel poético usado, incluyendo a los propios trovadores que por lo general no conocen esta ciencia del ritmo.[39] Lo que sienta por primer principio de este componer la unitariedad (que es la gramática elaborada por Besalú). Y de más está el afirmar que se dispone de unas leyes que valoran el principio lógico de la ilación en la expresión poética.

Hay un consenso de que la tradición cultural de Quintiliano y San Isidoro fue continuada por el rey Alfonso X. Aunque la percepción de Dámaso Alonso es otra.[40] Asegura que el Marqués de Santillana es el primer crítico español. Considerando como primer texto de la poética en español, el prólogo de Juan Alfonso de Baena. Sin embargo, tenemos prueba contundente en cuanto al proceso seguido por Alfonso El Sabio, y su adecuación del *Trivium*.[41] Para éste, comprendía tres fases: 'Gramática', 'Dialéctica' y 'Retórica'. Al definir la 'Gramática' seguía el canon heleno que la dotaba para comprender a los poetas y su producción. [42]

Hay indicios culturales que demuestran que ya desde el siglo XIII, las proyecciones de la cultura iban a instaurar en la comunicación vernácula ciertas cualidades del discurso (como las artes). Y es el rey Alfonso El Sabio quien inicia esta labor con el castellano.[43] La integración del castellano con el leonés, se hizo bajo la tutela de Alfonso El Sabio. Este aporte fue de un valor incalculable. Permitió profundizar en el cauce literario y adaptarse hacia un campo de estabilidad el conocimiento de la lengua.[44] Hay que resaltar que en el siglo XIII, no había una estabilidad idiomática en la Península Ibérica. Mientras el latín era una lengua de escritura, el castellano servía en la comunicación oral. La espaciación entre una comunidad analfabeta y un grupo reducido de letrados permitía este anacronismo social.[45] Pero precisamente el castellano se comenzó a leer y escribir en la centuria del Doscientos. En una investigación llevada a cabo por el historiador de la lengua Roger Wright, se destaca que entre 1217 y 1246, los organismos responsables de la comunicación elaboraban su material en castellano. Quedando el latín como lengua marginada de estos menesteres.[46] La opinión sociológica es que al desarrollarse una literatura en la lengua se le confirió una razón histórica de ser. Esto es, que de una existencia vernácula se pasó a una realidad estándar en el lenguaje.[47] Este logro no fue solamente la integración con el Leonés, sino con el Navarro- Aragonés. La riqueza de esta integración se extendió más tarde a los descubrimientos geográficos y su expansión le valió el estatuto de Lengua.[48] Si bien los rasgos diversos de la lengua y el entramado de los idiolectos diversos le dio un carácter particular, no menos cierto es, que la influencia burgalesa (muy popular para la época) se quedó marginada.[49]

Según Menéndez Pelayo el autor don Juan Manuel fue el primero en la Castilla medieval que elevó lo artístico a la prosa, ya como obra literaria. Pero hay un consenso generalizado que el discurso artístico y literario se origina con la labor del monarca Alfonso. Pero el sentido de la identificación con la lengua se da en un contexto histórico. De ahí que en el siglo precedente (XII), afloraba el sentimiento nacional; lo que posibilitaba la importancia de la lengua.[50]

Las traducciones que se comenzaron a realizar desde las obras de textos latinos, adolecen de la máxima amplificación y de una literariedad extremas. Tales incidentes ocurren en la versión en castellano de el 'Cantar de los Cantares'.[51]

En el siglo XV, considerado por algunos historiadores de la lengua como el prerrenacimiento español; se da un despegue de cierta dependencia religiosa. Entre esas características aflora el espíritu individualista, ciertos rasgos de tendencia naturalista, el culto a la riqueza, y sobre todo una alta valoración del gusto y disfrute por lo intelectivo y el ocio de sentido social. [52] Esto significa que el Cuatrocientos es en definitiva el primer atisbo de la modernidad española. Uno de los rasgos de la época es el cultivo de una didáctica docente. Existe una reacción y recelo por ciertas obras debido a que se sospechaba su espíritu antiescolástico. Entre esas obras sospechosas de a-religiosidad se encuentra el *Libro de Buen Amor*. Desde luego que en el arte clerical no es común encontrar una exigencia en la técnica o concepción poética, pero en algunas obras se presenta esta dicotomía como excepción. En el *Libro de Alejandro*, además del 'Prologus baenensis', existe una importante traducción realizada por D. Alonso Cartagena: *De inventione ciceroniano*,[53] donde se señala que el objetivo de la Retórica es fijar reglas para ese espacio social denominado el derecho. Y en ese particular revalorar el carácter de lo persuasorio (y no en el sentido de agregado de belleza), sino que el objetivo era convencer y proponer una moral que se encauzara en las filas de la misericordia. Además del poder de culpar y del sentido de absolver.

El proyecto de la escuela cortesana del siglo XV (y a través de Cataluña), enriquece literariamente la tradición en lo relativo a los preceptos gramaticales y en algunas leyes lógicas ya subrayadas en la *gaya ciencia*. Cuya valoración fue asumida por Villena, Santillana, Pedro Guillén de Segovia y Juan del Encina. Pero en la poesía cancioneril, sí existe una vasta preceptiva que estuvo ausente en el arte clerical.[54]

Recapitulando sobre el 'Prologus baenensis', o conocido como Prólogo de Juan Alfonso de Baena al *Cancionero*, habría que agregar que un primer aporte sería el reconocimiento en la escritura de una memoria del pasado. [55] Para Baena se trata de libros de crónicas y gestas, además de historias. Otra valoración que se infiere de estas afirmaciones es la apuesta por un entretenimiento cortesano en contra de una literatura de ficción. La valoración es a la historiografía. El mismo autor se inclina por una exaltación del arte de la poesía (relacionado a la *gaya ciencia*), que de por sí integraba un acervo de origen provenzal cuya esencia es un amor desmedido creado por los versos esperanzadores. De cualquier manera esta concepción obedece a la poesía cancioneril castellana. Cuya disposición no era para ser consumida por el pueblo, sino que se dirigía a la casa real y a la corte del rey. [56]

En las 'Glosas' de Don Enrique de Villena hay un plan-teamiento nuevo: el de esencializar la obra literaria a través de significaciones figuradas. En la obra: *Traducción y glosas de la Eneida* (cuyo Proemio o Preámbulo estaba destinado a ciertas explicaciones), informa sobre su concepción estética. Haciendo uso de una interpretación de Virgilio donde aparece una historia relacionada 'con los hechos de Eneas', cuando en realidad se estaba refiriendo a otro asunto 'los loores a Octaviano'. De ahí –según el parecer de Villena- la necesidad de glosar los textos literarios a través de un descubrimiento del velo estético que encubre el significado. Hizo una relación figurada de la Retórica con la leche, y a la poesía con la vianda. Sin embargo, no es de gran novedad ya que los autores paganos hicieron esta analogía. [57] En el 'Prohemio', Villena distingue la traducción de las dos formas: de palabra a palabra y según el sentido. A la primera la identifica con la interpretación. La otra forma es a través de la sentencia, sin pautar literalmente las palabras. A esta segunda fase la llama exposición. El objetivo de Villena es descubrir el 'velo artificioso', a través del cual se enzarza la obra literaria. Pero existe una glosa que corresponde a la segunda parte del texto de Virgilio traducido. En esta glosa, Villena establece cuatro razones por las cuales los poetas 'ocultaron' su decir. En primer lugar, la intención moral; seguida de la aplicación de la noción de brevedad que se hereda a su juicio del estilo de la antigüedad, y desde luego de la misma Edad Media. Otro interés es la alegoría, que daría paso a las exposiciones y glosas del lector.[58] Pero Villena nombra bajo determinados nombres estas ocultaciones del poeta: significaciones figuradas, ficciones poéticas y significaciones alegóricas. En la obra: *Arte de trovar* (1433), de Villena, se pueden encontrar las reglas de imitación de la herencia provenzal y catalanas. Pero no así el contenido real del libro, ya que se encuentra en fragmentos. En realidad los fragmentos nos relacionan con informaciones históricas de naturaleza gramatical. Para este autor la poesía es una doctrina que se pude aprender como se comprende la ciencia.[59]

En 1439, se conoce el trabajo en prosa de Juan de Mena: 'La coronación del Marqués de Santillana'; en esta obra se revalora la naturaleza etimológica como el ser mismo de la estructura de la realidad. Es decir, el nombrar. En el segundo de los Preámbulos aparece su concepción de los tres estilos. Su razonamiento va dirigido a los géneros (a los que considera estilo). Estos son: la tragedia (de inmenso principio y final angustioso. Con forma elocutiva). El segundo es la sátira (vinculada a una noción moral), y el de la comedia (que se inicia de manera dolorosa, y termina en un ámbito de alegría. Además se presenta con humildad y descenso de elocución). Pero la investigación moderna ha descubierto que esta concepción proviene de Benvenuto Rambaldi da Imola (del siglo XIV). Todo indica que el autor adoptó estas concepciones teóricas sobre el estilo. En su obra: 'La Ilíada en romance', cuestiona la lengua castellana la que le parece un "rudo y desierto romance", en contraste con las lenguas griega y latina. Su proposición es latinizar las obras literarias que pertenecen al idioma patrimonial.

En 1475, en la obra el *Libro de los consonantes o Gaya ciencia*, de Pedro Guillén de Segovia, se establece un propósito firme de no escribir en latín y sí en la lengua vernácula. Esto así debido al interés que sea conocido lo escrito por la población.[60] En pocas palabras: "el contraste entre el latín como lengua modélica y el romance como lengua que se esfuerza en serlo".

Existe consenso en que es el Marqués de Santillana que establece la primera poética medieval en España. A pesar de los aportes de otros escritores precedentes, es él quien depara a la memoria de la literatura el primer tratado de teoría e historia de la literatura en lengua castellana. [61] En el 'Prohemio e carta al Condestable de Portugal', nos encontramos con una interacción entre naturaleza y arte, además de concebir la poesía como un don de Dios. Tomando en cuenta de que dicho don se pude educar y elevar; [62] Santillana se interroga sobre la poesía, y responde que se trata de una fuerte cualidad de la fantasía ('fingimiento'), con una finalidad de belleza ('fermosa cobertura'). Está realizada por la métrica y cuyo fin es de naturaleza intelectual o ético ('cosas útiles'). Si Santillana concibe la lengua vernácula como 'vulgar', no así la poesía a la que considera como 'gaya ciencia', estructurada en un discurso bello. Aparece también la concepción sobre lo lírico (en las glosas: *Defensa de virtuosas mujeres de Diego de Valera* (mss. 9513/ 9608 de la Biblioteca Nacional), donde se define la lírica como una medida donde la alabanza y el vituperio pueden relacionarse. Según Santillana la prosa es constitutiva de un discurso. Mientras el verso es puro ritmo y métrica. A pesar de que es más antiguo que la prosa. Esta última le resulta más suelta que el verso al que percibe como constructivo.[63] Santillana distingue en la producción poética tres niveles dependiendo de la lengua que esté en uso, como también en relación a normas o ausencias de éstas: el entramado poético se construye en un lenguaje docto, en lengua vulgar, y haciendo uso de la condición popular. Esta última atribución corresponderá (para el Marqués) en pura libertad de leyes, y por lo tanto le parecía una visión de decadencia. Distinguía por la expresión *romance*, al origen mismo del Romancero. A la expresión *Cantares*, a la tradición de las gestas como también a la expresión musical de la lírica.[64]

Remontándonos a la época de los Reyes Católicos, el autor que comprende una variedad de temas es Juan del Encina. Su producción estuvo matizada por una ingente cantidad de asuntos que abarca desde lo popular hasta lo erudito. Se distingue no solamente como poeta, sino que abarcó ciertas áreas de la preceptiva y la lírica. Pero fue quien inició en esta etapa el arte de lo nuevo.[65]

El texto 'Arte de poesía castellana', de 1496, cuya referencia es a la poesía de cancionero se le relaciona directamente a la creación medieval. A pesar de que algunos especialistas subrayan la importancia de la Gramática de Nebrija; también se considera en la misma importancia este texto de Encina. En éste es indiciaria la condición humana frente al reino animal, y la capacidad de la lengua en este escenario. Y en el propósito de la lengua (se subraya en 'Arte de poesía...'), la necesidad de establecer leyes para el decir poético, para alejarlo del olvido del tiempo. Reitera que la estima en que los antiguos la dignificaban es una razón poderosa para mantener esta tradición. Siente una gran desilusión porque algunos estudiosos la ven como ciencia ociosa. [66]

A pesar del elogio a los antiguos, se opone a la poética del Cuatrocientos castellano por usar el verso corto y una rima consecutiva. Este procedimiento cambió con Gracilaso, ya que se desarrolló el verso extenso con poca consecución de rimas. Detalla que desde Italia la tradición se expandió a España. Insinúa que la riqueza dejada por Dante y Petrarca fue absorbida por la trova peninsular.[67] Llega más lejos y ubica la lengua misma de la descendencia de Roma (a la que llama el latín corrompido). El trobar para Encina es determinar sentencias y raciocinios, además de ciertas reglas de pie medido y con rasgos consonantes. Establece que la Poesía y la Retórica tienen en común el halagar y recrear lo mismo que el instinto de decir verdades y no verdades aunque con carácter de verosimilitud. Es parte de ese propósito el persuadir y mantenerse dentro de las observaciones del arte.[68] Juan del Encina usa con demasía las construcciones latinas en infinitivo. Está persuadido de que tanto 'el buen natural' como 'el arte' son imprescindibles para la gaya ciencia. Su interés se dirige a dotar de una concepción poética el proceso de la métrica. Pero su cometido se convierte en una escuela. Según Encina hay dos tipos de coplas que se distribuyen de la siguiente manera: la copla de un pie de ocho sílabas que se llama arte real; y el que consta de doce (o su equivalencia), al que se denomina arte mayor. Pero interconecta los sobredichos al que relaciona con el pie quebrado (que es según su parecer medio pie).[69] Desde luego este es uno de los distintivos del Cuatrocientos. Encina subraya que el consonante es todas aquellas letras o sílabas que van a partir del acento agudo (o alto), hasta el pie. En lo relativo a lo qué es asonante, detalla que se trata de alguna letra de las consonantes, pero no de las vocales. En su concepción métrica la sílaba que termina (oxítona) vale por dos sílabas, y las dos finales (proparoxítonas), con el acento en la antepenúltima, no vale más que por una .[70] En relación al arte cancioneril (op. cit. capítulo VIII), postula su posición en: 'De las licencias y colores poéticos y de algunas galas del trobar'. Aquí puntualiza el encadenado (o anadiplosis), el retrocado, el redoblado (o poliptoton), el multiplicado (lo que relaciona la rima profunda del verso), el *reyterado* (o anáfora), que por demás circunscribe toda la retórica de la glosa cancioneril. Llegó más lejos: estableció una pausa de naturaleza métrica al final de cada verso.[71]

Mitos y leyendas en los géneros literarios

Uno de los factores que relaciona de manera directa a estas circunstancias que comentamos es la 'leyenda sobre el Grial'. La leyenda se cimentó en reproducciones paganas vinculada con las estaciones y su ciclo de renacimiento que se celebra en la primavera. La leyenda parece ser que se relaciona con la vegetación y ciertos cultos y rituales como los de Attis, Adonis y Osiris. Pero adquiere un estatuto receptivo en la tradición irlandesa y galesa con los grandes temas vinculados a la tierra: la fertilidad, la muerte y la renovación. Su referencia está inmersa en el poema del siglo XIV (de autor anónimo): *Sir Gawain and the Green Knigt*. Pero también en las leyendas galesas a través de la obra *Mabinogion*.

Existe documentación erudita sobre esta leyenda que deslinda su origen desde la misma antigüedad: lo encontramos en la obra *La rama* dorada, de Sir James Frazer. La leyenda tuvo un cambio importante durante la Edad Media (en especial en los siglos XI y XII). El vínculo de esta leyenda se relaciona al cristianismo heterodoxo. Pero principalmente a la orden del Temple. La leyenda fue decayendo en la medida que ciertos acontecimientos históricos fueron pautando la historia del cristianismo: como es, la caída de Jerusalén en manos árabes, y el ataque de la jerarquía católica sobre la orden de los Templarios. Luego en 1470, el autor Sir Thomas maloy revive estos romances en su obra *Le morte d' Arthur*. Lo que ha llamado la atención de los eruditos es que dichos romances no sólo ocuparon un puesto literario, sino que el mismo Hither se ocupó de descubrir el objeto o copa que según su criterio se encontraba en Francia, y era la referencia directa con el Grial. La relación con dicha copa es que fue la que se usó en la 'última cena' y que luego José de Arimatea recogió la sangre vertida por el enviado. La leyenda establece que la copa fue llevada a Inglaterra (a la región de Glastonbury). Otras crónicas aluden que a la muerte de Jesús la Magdalena lo trasladó a Francia. Hay pistas de las crónicas que aluden a la Magdalena. El seguimiento data del siglo IV d.C., y la especulación es que llega por Marsella al país de los francos. La documentación más objetiva sitúa el Grial (el romance) en el siglo XII, por el año 1188. El título de dicho romance es *Le roman de Percebal o Le conte del Grial*, su autor es Chrétien de Troye. Este autor estuvo vinculado a la nobleza y a la corte del conde de la Champagne. Este autor poseía gran prestigio en su tiempo debido a sus obras (romances) como la que se relaciona a un personaje nombrado Lancelot. El susodicho romance sobre el Grial se lo dedicó a Felipe de Alsacia (conde de Flandes). Este quiso casarse con la hija de Eleanor de Aquitania. La edición o conocimiento del poema data de esta misma fecha: 1182. El autor vincula a Felipe de Alsacia con la historia que se describe en dicho romance. Afirma que le fue contada por el mismo conde. A partir de este poema se sucederían innumerables obras relacionadas a la misma historia [72]. El poema narra la historia de Perceval, que es el hijo de la 'Dama viuda'. Esta alusión por si misma estuvo relacionada previo al poema a diferentes configuraciones paganas como a la cosmovisión de los gnósticos. El protagonista abandona su recinto materno y va a conquistar su nombradía de caballero. Se encuentra con otro personaje extraño llamado 'Rey pescador', que le permite pasar la noche en su castillo. En esa primera noche aparece el Grial. El objeto es transportado por una dama, y su adorno es exageradamente inusual. Perceval no entiende bien porqué se espera una pregunta que debe formular al objeto. La interrogación debe ser ¿a quién se sirve con él? , pero se olvida de hacerla. Al despertarse el castillo esta vacío. Cae en cuenta que el olvido en la Humanidad ha conllevado a graves problemas. Descubre que pertenece a la misma familia del Grial. Pero lo insólito es que el mismo 'Rey pescador', es su propio tío. Pero lo inaudito es que el protagonista Perceval confiesa que ya no cree en Dios, y por lo tanto no lo ama.

En la versión de Chrétien d' Troyes, quien murió sin haber concluido el poema en 1188, la naturaleza de la corte y un incidente capital serviría para propagar la leyenda. Sin embargo, el marco histórico de esta versión es muy anterior al mismo autor. A partir de Chrétien la leyenda se alió al rey Arturo y a la familia de Jesús. El autor Robert de Boron, y su romance *Roman de l'estoire dou Saint Graal*, es el que vincula directamente al cristianismo heterodoxo con una leyenda secreta.[73] Asume que Galahad es hijo de José de Arimatea. Que el Grial pasó a ser propiedad de Brons, que lo transportó a la Inglaterra actual bajo el sobrenombre del Rey Pescador. Al igual, pero en un sentido paralelo en el poema de Chrétien, Perceval se identifica como el hijo de la 'Dama viuda'. En la versión de Boron, Perceval es el nieto del Rey Pescador. Mientras Chrétien de Troyes ubica la cronología del romance en los tiempos del Rey Arturo (en Inglaterra); para Boron, la aventura se inicia con José de Arimatea.

Lo sintomático es que un autor anónimo escribe otro romance en la misma fecha, conocido como Perlesvaus. La narración de este romance se caracteriza por la detallada incursión en las estrategias militares de la época, además de su teñido ambiente de romances y amores. Algunos especialistas creen firmemente que este poema lo escribió un miembro de la orden del Temple. En su descripción se relaciona una vestimenta de blanco y rojo que es el signo de la orden de los Templarios.[74] Desde luego que en este poema existe una posible conexión con la práctica templaria, ya que se sitúa en los horizontes de las escaramuzas militares de la época. Pero también la presencia de un castillo que alojaba a 33 caballeros vestidos de blanco con una cruz roja a la altura del pecho; y el conocimiento de un rango privilegiado en el linaje de Perceval, es el augurio en esta narración de una adecuada incursión de esta orden en los entresijos de la cultura. Hay innumerables contradicciones: una de ellas es, que la historia transcurre en tiempos del Rey Arturo (y no de José de Arimatea); además de identificar Tierra Santa con Camelot. Pero en modo alguno deja de ser un romance mágico. Hay alusiones a la alquimia, y a ciertos procesos de inmortalidad.[75] Como también a cierta tradición precedente (pagana y herética). Existe un rechazo tácito a la cruz. Si bien en los anteriores mencionados (Chrétien y Robert de Boron), el Grial tiene una significación concreta, aquí es otra cosa. Puede ser un gran rey con corona y al mismo tiempo crucificado. Puede ser un infante. O, un hombre que posee y carga una corona de púas que le produce sangramiento. Existe en otras variantes algo indefinido. Y finalmente un objeto en forma de cáliz.[76] El poema establece que en estas apariciones están vinculados con un rayo de luz y un perfume penetrante.

La importancia de los romances y sus autores recae especialmente sobre Wolfram von Eschenbach. Su romance *Parzival*, se hizo entre los años 1195 y 1216. El autor postula que la versión del Grial que escribió el poeta Chrétien de Troyes proviene de una fuente adversa. En cambio, su certeza en asuntos de dicha historia proviene de un personaje cuasi mitológico nombrado Kyot de Provenza. Fue contactado en Toledo por un tal Flegetanis. Este personaje es de origen israelita, pero heredaba por vía paterna una cultura herética. Era ducho en las constelaciones, y aseguraba haber descubierto el Grial en la contemplación de las estrellas. Sostuvo que un grupo hermético de la humanidad sabía sobre el particular y que esto se relacionaba a un misterio femenino de naturaleza metafísica.

El maestro Kyot quería saber qué tipo de cultura y de país poseía una revelación de este misterio. Repasó toda la cultura de Inglaterra, Francia y también Irlanda. La referencia a este mito la pudo ubicar en Anjou; allí vio el papel de Mazadán, y el resto de la historia del Grial.[77]

Por primera vez este romance relaciona una estirpe de

una familia noble: la casa de Anjou. Un personaje heroico llamado Mazadán interviene en la aventura. Pero lo más insólito es, que la historia proviene de España bajo dominio musulmán; pero su esencia proviene de los judíos. Todo indica que el personaje Kyot es un monje poeta y cuyo nombre sería Guiot de Provins. Este monje pertenecería a la orden de los Templarios y a través de sus versos lanzaría fuertes ataques contra el vaticano. Este poeta conoció a Wolfram en Alemania debido a la convocatoria que hacía el emperador Federico Barbarroja, con motivo de las celebraciones de caballerías. El otro personaje conocido como Flegetanis, sería algún poeta esotérico. Lo cierto es que el interés de Wolfram es ocultar algo a través de lo que se conoce como Grial.[78] "...si no la conocéis, aquí os será nombrada. Se llama *lapsit exillis*. Por el poder de esta piedra el fénix arde y se convierte en cenizas, pero las cenizas le dan vida otra vez. Así el fénix muda y cambia su plumaje, que después es luminoso y brillante y tan precioso como antes. Nunca hubo un ser humano tan enfermo que, si un día ve esa piedra, no pueda morir durante la semana siguiente..." [79]

Los eruditos han buscado el significado de la expresión latina *lapsit exillis*. Una diversidad de significados se contrasta. Por un lado, se cree que es una distorsión de *lapis ex coelis* ('piedra original de los cielos'); también de *lapsis lapsus ex coelus* ('una piedra cayó de lo alto'); como de *lapis elixir* (referente al fénix: 'resurrección'). Lo que de alguna forma se relaciona al entorno alquímico. La unicidad de esta piedra o roca como símbolo, se relacionaría con Godofredo de Bouillon como antecedente en las dinastías europeas, y que confiere al mito una dimensión insólita: la presencia de la Magdalena como símbolo de 'paloma'. Pero el poema adquiere otra singularidad al establecer que el Grial tiene el poder de invitar a hombres y mujeres a su servicio. Pero no se trata de cualquier ser humano, sino de una gran familia disgregada cuyos matices o personalidades son desconocidas para el mismo tronco genético de esta comunidad.

Para Wolfram, parte de la familia del Grial habita en un castillo que se encuentra en Munsalvaesche (que implícitamente señala al castillo de la secta cátara de Monsalvat), que algunos especialistas demarcan en Montségur.[80] Todo indica según la leyenda que hubo un tiempo en que esta familia secreta estuvo bajo una maldición: el remitente es a los judíos. Existe un documento que hace pensar que se relaciona a los semitas. El libro de Nicolás Flamel: *El sagrado libro de Abran el judío, príncipe, sacerdote, levita, astrólogo y filósofo de aquella tribu de judíos que por la ira de Dios fueron dispersados entre los galos*, es emblemático de que la leyenda se ubica en torno a los judíos. Según Wolfran, Flegetanis fue el verdadero creador de la crónica del Grial, y éste señala que la leyenda parte de Salomón. Desde luego que ya en los tiempos de Parzival, la tragedia ha cedido sobre esta familia y hay un gran reposo que se sustenta en el escondite de la personalidad de sus miembros. Al final del poema, Wolfran advierte que las mujeres pueden decir el secreto a quien se una a ellas, pero no así los hombres.[81] Existe el caso del hijo de Parzival, Lohengrin que tuvo que disgregarse de su familia por el solo hecho de que fue interrogado sobre su identidad. Hay que tomar en cuenta que Lohengrin tuvo diferentes nombres: entre ellos Helios –relativo al Sol-. Pero hay otras variantes que comprometen la historia con los judíos. El caso del nombre Elie o Eli, palabra de origen judío. Y que circunscribe la historia en el entorno semítico. Esta relación también ocurre con el romance de Robert de Boron, además del *Perlesvaus*, donde los detalles parten con José de Arimatea. Se advierte en el poema de Wolfram que el interés se desplaza del objeto misterioso a la estirpe. La genealogía en el poema *Parzival*, señala a los progenitores del Grial (los padres de Laziliez) con los nombres de Mazadán y de Terdelaschoye. El último apunta a la versión germánica de las palabras francesas 'Terre de la Choix' (Tierra Escogida). La primera: Mazadán, alude al derivado persa de Ahura Mazda. Es decir, la dualidad de la luz y la oscuridad. En ese matiz de la estirpe es sugerente el nombre de Godofredo de Bouillon, último representante del Grial, según lo sugerido por Wolfran que cita a Kyot, quien había descubierto una crónica que vinculaba a la casa de Anjou, y por ende a los Templarios con la estirpe del Grial. Algunos especialistas se oponen a Wolfram en su afirmación de que la corte del rey Arturo, Camelot, se ubicaba geográficamente en Francia; en el lugar conocido como Nantes. Es decir, en el lugar actual de Bretaña, que fue parte de la zona geográfica de los reinos merovingios. (Hay que recordar que la más importante ciudad de Avallon forma parte de los tiempos de los merovingios. Llegó a ser capital de una región de Aquitania, y se usó su nombre para posteriormente denominar a esa región: Avallonnais.) En la versión de Chrétien, Perceval afirma que nació en Sinadon (región de montañas). Pero según Wolfram, Parzival es originario de Waleis. Los eruditos han descartado que se trate de Francia por ciertas incoherencias, y se han identificado por Valais (Suiza), al este de Ginebra. Pudiéndose identificar a Sidonensis (la capital de la Valais), cuyo nombre actual es Sion. El poeta (Wolfram) en una obra que no pudo concluir (*De jungen Titurel*), nos presenta la vivencia del constructor del Grial, Anfortas, a través de su padre: Titurel. En otra obra del mismo poeta titulado: *Willehalm*, presenta al protagonista Guillen de Gellone, como un jefe merovingio durante el siglo IX; todo indica que este personaje fue identificado históricamente como real. Y por lo visto estuvo relacionado con este mito-leyenda del Grial.[82]

En realidad el mito-leyenda no es el único documento poético de los tiempos del siglo XII y XIII respectivamente. Las obras: *Tristán e Isolda*, y *Eric y Eneide*, cuyos autores son Chrétien, pero también Hartmann von Atie, y Gottfried von Strassburg, desarrollan estos romances en las mismas instancias de las obras ya descriptas sobre el Grial. Todo parece indicar que el rey Arturo vivió en el siglo V. Y que su relación con la estirpe de los merovingios queda demostrada. Sin embargo, todo indica que las obras que no mencionan el Grial, estaban inspiradas en esta estirpe. Tal como la epopeya nacional de Alemania: *Nibelungenlied*, (o *Canción de los Nibelungos*). A ella le dedicó Wagner la ópera: *El anillo de los Nibelungos*. Pero los antropólogos han encontrado que la genealogía de los Nibelungos es que fueron una tribu germánica que existió en la fase final de la estirpe merovingia. La epopeya nacional germánica presenta a algunos personajes que responden en su etimología a los merovingios (tales: Siegmund, Siegfried, Sieglinde, Brünhilde y Kriemhild). Pero la misma temática parece responder a episodios que comprometen históricamente a los merovingios. El romance: *Queste del Saint Graal*, (desarrollado entre los años 1215 y 1230), se enmarca en una fecha precisa y alude a ciertos acontecimientos primarios de la era cristiana. Todo señala que una corriente heterodoxa del cristianismo se integró en el siglo XIII, con la Cábala. La obra: *Perlesvaus*, prueba que así fue. Durante el siglo XV, autores como Pico de la Mirándola y otros, son recipientes de esta corriente simbólica y mistérica.

Entre los siglos XII y XIV se elaboraron muchas canciones-poemas que se obsesionaban con el tópico.

Mitología: la tradición de Heracles

L a literatura medieval europea ha sido influida por las mitologías griega y romana. Se evidencia más en el Renacimiento y en el Barroco. El surgimiento de tendencias, vanguardias y movimientos literarios, de una u otra forma manifiesta este rasgo, o alude a él de forma velada.

El viraje griego en relación a la incorporación de la divinidad en forma antropomórfica, tiene el objetivo de hacer perdurable la divinidad a pesar de los siglos en las formas y estilos artísticos. En realidad el mundo griego heredó de la época neolítica el culto de la divinidad pero sostenible a través de su cotidianidad (economía, agricultura, familia, festejos, etc.). La divinidad era un arquetipo de anhelo en el mundo griego: fertilidad y fecundación. La tierra era el prototipo de la totalidad y se enmarcaba en un poderío femenino: las diosas interpretaban este misterio. A parte de Grecia civilizada, Creta es el otro punto focal donde predominaban las diosas sobre los dioses. Se ha constatado que en los rituales y ofrendas los sacrificios no eran de tipo cruento sino que se relacionaban con los vegetales. La ubicación física de estos lugares, se situaban en templos, grutas y santuarios. El festejo ceremonial se emparentaba con actividades taurinas, elementos de gimnasia y danzas rítmicas; pero mas que todo, al darse un pleno asentamiento del pueblo griego en Grecia. Las divinidades femeninas y masculinas se encuentran en un nivel de equiparamiento. En época anterior a Homero ya se conocía a Zeus, Poseidón, Hermes, Ares, Dionisio, Hera, Atenea, Ártemis*, etc.

....

*De la tradición arquitectónica helenística, el templo de Ártemis constituye uno de los siete monumentos maravillosos de esa civilización. Se ubicaban

En la escala y paralelismo, adjunto a la fisonomía de la divinidad masculina, tenían igual presencia los dioses elementales como las sirenas, esfinges, grigos, etc., lo que conocemos como el Gestiario. Siendo su origen de procedencia del Oriente y Creta. Las mitologías heroicas de Grecia son de origen micénico, pero se han antropomorfizado a través de personajes reales, en lugares precisos. Tales los perseidas, los atridas en Lacedonia, Néstor en Pilo, Edipo en Tebas; y finalmente, Teseo en Atenas. Esta dotación de formas humanas en las divinidades coinciden con un período histórico que se caracteriza por la exploración, y porque se añade a esto el culto a los aventureros y a las leyendas de ciertos viajeros.

La relación entre Grecia y Roma dotó a esta última de una fuerte identificación de lo latino con lo clásico. Una gran parte de las divinidades transformaron su nombre. A excepción de Apolo y Plutón que lo mantuvieron en griego. Los romanos se identificaron con las divinidades clásicas, debido a su indivi-duación (*Numina*) y a su clara condición de abstractos.

....

en la ciudad de Éfeso. También se le nombró como templo de Diana. Se inició su construcción hacia el 550 a.C., la versión dada de Plinio asegura que lo terminaron 120 años más tarde (Plinio, XXXVI,95).

La connotación de esta joya arquitectónica reside en que en 356 a.C., un personaje conocido como Eróstrato quemó la construcción para poder ser recordado por la historia. En ese incendio se convirtió en cenizas el único original de la obra completa del filósofo Heráclito de Éfeso (*Laercio* 9,1,6).

De acuerdo a esta mitología, la diosa nació en Delos, hermana de Apolo, e hija de Leto y Zeus. No se unió nunca a ningún dios o semi-dios. Permaneció virgen. En diferentes períodos se le asimiló con Hécate y a Selene. En Roma se le conoció como la Diana itálica. Su nombre no es de origen griego.

Los griegos adoptaron el alfabeto fenicio. Pero previo a este suceso los griegos de Creta ya establecían su escritos en tablillas de arcilla(tal cual hacían los sumerios). La escritura cretense utilizaba lo que se ha denominado Lineal B (cuya estructura es silábica). De la adopción del fenecio hay pruebas en Heródoto (*Historias*, V,58.1,2); Sófocles(Fr. 514:*Cadmo las trajo de Fenecia...*); y de Aristóteles (Fr.501 Rose: *Cadmo las introdujo en Grecia*).

Es Homero (el primer *aedo*) quien compila las originales leyendas de semi-dioses y diosas. Homero les ubica la clasificación merecida en lo relativo a la heroicidad.

En la época medieval el arte de la escritura estuvo impregnado de fuerte mitología. Sin embargo es el Renacimiento que le restituye su condición primigenia. Boccaccio escribió un tratado insustituible sobre el particular: *Genealogía de los dioses.* *

El comentario de García Gual es atinente al respeto: "significa un paso hacia la actitud renacentista, por su respeto a la Antigüedad clásica y su afán erudito, más poético que teológico. En este amplio compendio culmina el saber enciclopédico medieval."[83]

Una muestra de esta diversidad divina la encontramos en Dante, conjuntamente como una interpretación significante de la mitología.

---

*Se conoce perfectamente que Apolo pertenece a la dinastía de la segunda generación de los dioses olímpicos. No hay constancia histórica de que pertenece a la mitología pre-helénica. Tampoco aparece en las *tablillas micénicas*. Y en Delfos se le recuerda como un intruso que desplazó a otras divinidades más antiguas. Su culto surge muy tardío a la ocupación de los griegos. Su nombre no pertenece a la lingüística indoeuropea. Se han establecido tres opciones: el Apolo-nórdico, el Apolo minorasiático, y la de un Apolo nórdico-minorasiático. Todo parece indicar que la quema de la biblioteca de Alejandría, realizada por los católicos-cristianos, aniquiló el tratado de la antigüedad más sistemático, la *Historia de Babilonia*, de la autoría de Beroso de Belos. Solamente permanecen algunos fragmentos dispersos y epítomes(Cfr. *Berossos und die babylonisch-hellenist. Literatur* (1923), de F. Schnabel). La anulación de este tratado nos impidió conocer el origen no-indoeuropeo de la deidad de Apolo. El historiador Edgard Gibbon demostró que el patriarca Teófilo atacó el templo de Serapis en el año 384, y luego el año siguiente en 391,al Museo. En ambos lugares después de quedar en ruinas lo llenaron de cruces. La biblioteca estaba conformada por el Serapeum y el Museo. Este religioso católico había sido un fanático del teólogo Orígenes de Alejandría(185-232 d,C.), luego su fanatismo lo condujo a condenar las obras del teólogo en el Concilio de Alejandría en el año 400 (*The decline and Fall of the Roman Empire*,1839).

En Dante incluso hay una estilística literal, pero también analógica, alegórica y moral*.

La equiparación de la mitología tanto en la Edad Media como en el Renacimiento, adquiere estatuto de polémica y de una diversidad de pareceres. Así por ejemplo para Evémero lo clásico perduró en ambas épocas. Entendiéndose el mito como un buen apoyo de contexto alegórico, o como transformación de acciones antiguas de gran resonancia y trascendencia. Pero en la Edad Media donde prevaleció un pensamiento tomista, su vigencia fue de naturaleza escolástica. Su presencia se simulaba como si estos arquetipos sucediesen en esa etapa histórica: "Un Mercurio puede ir vestido de obispo, un Júpiter aparece como un noble tonsurado, y una Virgen de Reims tiene el porte de una vestal venerable. Hay un mantenimiento de los nombres y las historias, pero una pérdida de trazos auténticos y distintivos de las figuras clásicas."[84] Pero en esencia es el Renacimiento quien conferirá un estatuto al mito, en el sentido de independencia del canon teológico.

Las Crónicas, notabiliza el precedente de integrar lo clásico al propio movimiento histórico de España. El héroe Hércules adquiere una resonancia Peninsular. La línea sigue desde san Isidoro hasta el mismo Nebrija.

....

*Este escritor vivió una existencia caracterizada por un funesto destierro. En innumerables ocasiones sufrió intentos de asesinatos. En 1315, se refugió en Ravena para evitar ser decapitado. Su obra *Sobre la Monarquía*, fue quemada en Lombardía, en 1318. El día 7 de febrero de 1497, el sacerdote Savoranola quemó públicamente en Florencia en la fiesta de la Penitencia, varios de los libros de Dante Alighiere. En 1581, cantidades de libros de la *Divina Comedia*, fueron destruidos en Portugal por orden de la Iglesia Católica. El poeta Enrique de Villena tradujo al español toda la *Eneida*, de Virgilio, y la primera traducción de la *Divina Comedia*, de Dante. Este alquimista y erudito fue también objeto de persecución. En 1414, se le expulsó de la Orden de Calatrava. El mismo día que murió (en 1434) fueron quemados sus tratados y sus poemas.

A través de este héroe se llega a conocer los intersticios bíblicos, de carácter geográfico, como es el caso de Castilla: y su preeminencia en el desarrollo frente a León. El registro literario se sitúa a través del autor

Tudense. El impulso de este mito en el sentido de que este héroe (Heracles) estuvo en Hispania, viene desde los tiempos de Heródoto. Este autor nos informa que esta divinidad pan-helénica viajó por el mediterráneo hasta penetrar por las playas ligures a territorio de España. Su relación con la divinidad heroica llamada Melkart (deidad fenicia) está probada. En Cádiz tuvo un escenario de culto en un templo. El mismo Aristóteles cita la ruta comercial y militar entre Italia e Iberia, como una vía bajo la protección de Hércules.

En la tradición hispánica, es el Toledano quien desarrolla la tesis de la relación de Noé con la ascendencia española. Elaborando una casuística genealógica de la monarquía española. Lo mismo hizo Eneas con la fundación de Roma: "Fue él quien estableció una firme conexión entre *Geryon Tríceps*, y la Península, haciéndole jefe, en virtud de su nombre, de las tres provincias de Galicia, Lusitancia y Bética, en vez de señor de algún vago oscuro reino en el Oeste."[85]

La visión del Toledano frente a san Isidoro y el Tudense, es de máxima creatividad. Este autor inventa un héroe al que Hércules le confió el control y la gobernabilidad de Hispania; logrando así que los guerreros se hicieran con la herencia para el futuro (lo que supone que la Reconquista sería parte de la acción del héroe semi-divino).

La visión de las Cortes de Alfonso en *Las Crónicas*, es totalmente diferente: su intento es integrar lo clásico con lo cristiano. Para las Cortes alfonsinas son varios los Hércules. Aplicaron el criterio de Cicerón en *De Natura deorum*, en el sentido de que de los varios Hércules, sólo el argivo es el sabio.

Es decir, aquel que llegue a defender a los habitantes de Hispania frente al temible Gerión. Y al mismo tiempo este semi-dios (de las pléyades de los héroes) construirá las columnas con las que Julio César se encontrará luego. Lo que interesa destacar es que 'Hispano', el compañero de Hércules en la visión del Toledano, viene ahora a ser su sobrino y extiende su linaje a Liberia y Pirro, nombres de ascendencia clásica y posteriormente gobernadores míticos de la Península."[86]

La controversia en torno al reinado de Alfonso X (el sabio), es obvia. Por un lado, un gran constructor de la cultura peninsular, pero un gran descuidado de los problemas políticos del reino. Entre esos graves avatares se encuentran la controversia entre la nobleza, conflictos civiles y paralización del proceso de la Reconquista. La naturaleza de este antagonismo pasará a la literatura. El tácito representante de la monarquía Galíndez de Carvajal, increpó por la necesidad de que nuevos historiadores narrasen una versión coherente con la monarquía y su historia particularizada. Esto trajo por consecuencia la caída del prestigio del Toledano. Se intentaba buscar a través de los eruditos a principios del siglo XV, una justificación de carácter histórico que legalizara la propia antropología castellana. Quienes realizaron esta tarea fueron los conversos. Según Pablo de Santa María, Gerión viene a ser Gedeón (que no es romano), sino castellano. En la obra *Anacephaleosis*, de Alfonso García de Santa María, el primer rey de Hispania es Hispano. En esa misma tónica, Pérez de Guzmán y Fernando del Pulgar realizaron una crítica audaz al veredicto que realiza el mundo romano de Hispania. Estos autores ripostan el método usado para el estudio de lo clásico. En esa tendencia (el primero: Pérez de Guzmán) cree inapropiado las afirmaciones realizadas en la *Eneida*, por Ovidio.

El autor Sánchez de Arévalo en su obra *Compendiosa Historia Hispánica,* se opone a la concepción de las Cortes alfonsinas sobre la versión histórica. Este autor apoya la tesis de que previo a la destrucción de Troya, el espíritu histórico de Castilla estaba vigente. Al mismo tiempo otros autores e investigadores cuestionan la existencia de Hércules y su vínculo con Hispania. En ese tenor, los investigadores van más allá: que las ideas sobre las famosas columnas, no son originales del lugar que la tradición grecorromana le quiere asignar. Y en lo relativo al Estrecho y su ampliación, que fue una invención.

Ya a finales del siglo XV, las ideas del Humanismo van a reconsiderar la interpretación clásica sobre la mitología. En la medida que la presencia de los Reyes Católicos se expandía, en esa misma medida pierden apoyo las tesis de Boccaccio, de Dante y Petrarca. Pero esta reconsideración no fue obstáculo para que los eruditos grecorromanos no influyeran en la Corte. Sin embargo, los historiadores peninsulares se esforzarán para establecer la medida del peso antiguo en Hispania y salvar así cierta independencia. Además evaluarán lo que significó para el Imperio la presencia de Hispania. El autor e investigador Giovanni Nanni (relacionado culturalmente con el Papa Alñenadro VI y con Bernardino de Carvajal), profundizó en sus estudios sobre mitología y realidad, advirtiendo que hubo presencia de Osiris (Egipto) antes que Hércules. El autor Nebrija se sitúa en el centro del escenario (dada su formación clásica; y al mismo tiempo su afiliación a Castilla por vínculos naturales); pero es su alumno Ocampo quien elevará la mitología a fundamentos históricos, alcanzando así su máximo esplendor en tierras hispánicas.

La tradición literaria clásica se ha centrado fundamentalmente en los géneros conocidos como 'mayores', en principio en la antigua Grecia se le daba especial atención a la épica; al teatro que corresponde a la tragedia ática; en el caso de la lírica, a lo concerniente a la retórica de naturaleza coral (con un grado menor a la monódica); y en la prosa, a las grandes obras, en especial a la de carácter científico, también a la de género histórico, filosófico u oratorio. La épica estuvo asociada a las clases dominares y cultas, hasta principios de la etapa arcaica (siglos VIII-VII a.C.); la lírica jónica y arcaica de naturaleza aristocrática estuvo influida por la tradición homérica (siglos VII-VI a.C.).

Es importante subrayar que la *Ilíada* y la *Odisea*, que se transmitió por vía oral por los 'recitadores' errantes en las jonias arcaicas y que sirvió para conocer las costumbres, convenciones y normas sociales de la época como la Fábula, se estudiaba de antiguo como un género 'menor'. En contraposición, a la épica, la tragedia, el diálogo-filosófico, que eran considerados géneros 'mayores'. La razón para que fuera considerado 'menor', viene dado por ser las clases sociales de carácter humilde a las que se le asociaba con dichos géneros, pero también por estar relacionados con las corrientes marginales del Cinismo. Pero además, por un dogmatismo de la herencia de la retórica aristotélica. Hasta los tiempos de la Ilustración francesa la Fábula fue considerada de escasa elaboración formal y estilística, no aceptándose su carácter de género independiente. Pero estudios posteriores valorando su carácter literario -lenguaje, estilo, vocabulario-, así como lo filológico – versiones, transmisión textual- se acentúa su valoración más que suficiente. Las razones despuntan en estas variables:

-su mayor realismo y concisión permiten un acercamiento más objetivo al pensamiento y realidad social de su época.

–su lenguaje sobrio y directo, sobre todo en las versiones en prosa frente al más elaborado de la Fábula versificada, ofreciendo mayor interés lingüístico por estar más cercano a la lengua hablada y tono coloquial más extendido, ya sea en la Fábula latina de Fedro, o en las colecciones griegas en prosa bizantina a partir de la recopilación en Atenas a finales del siglo IV a.C., del filosofo Demetrio; aproximándose bastante al griego cotidiano de la época helenística y bizantina, base del griego moderno.

De modo que en cuanto al conocimiento de la mentalidad colectiva más común, y del lenguaje cotidiano concretamente en el caso de las lenguas clásicas, este género resulta muy interesante en comparación con los más estudiados tradicionalmente como la épica o la tragedia, de lenguaje muy estilizado y sujeto a numerosas convenciones poéticas y estilísticas, y por ello alejado del uso común; y de contenidos e ideología identificados excesivamente con las minorías dominantes: tiranos, aristócratas, oligarcas, militares, etc., frente a las clases más populares.

En el estudio de la Fábula se han establecido numerosas clasificaciones y definiciones. Hemos tomado como valoración los estudios de C. García Gual (traducción de las *Fábulas de Esopo y Babrio*, Biblioteca Clásica Gredos), de F. Rodríguez Adrados (*Historia de la Literatura Griega*, Ed. Cátedra, Varios Autores) y de G. Morocho (*Antología de Fábulas Griegas*, Universidad de León), donde podemos encontrar:

-como rasgo constante, una finalidad didáctica (influida generalmente por la mentalidad popular, propia de clases sociales más bien desfavorecidas, y por el pensamiento cínico en la transmisión de estas narraciones desde mediados del siglo IV a.C.).

–cuatro tipos básicos de Fábula, en lo que concierne a la tradición grecolatina, referente a su contenido y elaboración didáctica:

-moralizante (Fábula-ejemplo).

–satírica (Fábula burlesca).

–etiológica (Fábula-leyenda).

–lúdica (Fábula milesia, con sus variantes: Fábula-chiste, y Fábula-erótica, marginalizadas de las colecciones bizantinas y latinas, por el dogmatismo y prejuicios religiosos).

En la etapa arcaica griega, la fábula más popular fue la moralizante. Pero la satírica tuvo incidencia por el influjo de los filósofos Cínicos (desde mediados del siglo IV a.C.). El caso más conocido es el de Sócrates que usaba los relatos para expresar su burla contra las valoraciones y prejuicios sociales de los sectores más aristocráticos de la sociedad ateniense.

La base moralizante proviene de los relatos alegóricos

de origen mesopotámico (sumerios, caldeos y asirios), que se nombraban como 'literatura sapiencial' y que se introdujeron a modo de proverbios en la literatura religiosa hebrea. Su descubrimiento provino de la identificación de los restos epigráficos cuneiformes de una época tan lejana como el siglo XX a.C., llegando a la India para el siglo III a.C. con una característica novelesca y más retórica.

Es notorio que la poesía didáctica de Hesíodo (finales de la época arcaica: siglo VIII a.C.), en la fábula 'Halcón y el Ruiseñor' perteneciente a la obra: *Trabajos y Días*, se evidencia el carácter occidental moralizante que provino de Mesopotamia, pasando por el Asia Menor hasta llegar a Grecia. Veamos algunas consideraciones:

-contexto: la fábula sirve para combatir los comportamientos de naturaleza injustos o autoritarios (Hesíodo, propuesto como agricultor en un área rural. Beoccia, emplaza a su hermano Perses por haberle raptado sus bienes protegidos por los poderosos cercanos), en la fábula se propone la conducta justa y el marginarse de los autoritarios y de aquellos que oprimen al débil.

-tópicos: la influencia de arquetipos permanentes (como animales, plantas, u objetos) que personifican los comportamientos y las mismas circunstancias de las vivencias de los humanos. Este procedimiento se realiza para evitar nombrar los personajes y las circunstancias concretas que evitarían la censura, como se da en la fábula latina de *Fedro*. (Adrados, G. Morocho, y F. Martín García: *Antología de Fábulas Esópicas en autores castellanos*). En la fábula mencionada previamente se manifiestan:

-aparecen animales simbolizando clases sociales y personajes de carácter autoritario y opresor: el 'halcón' cuyo vocabulario se relaciona a la prepotencia: 'le dijo soberbiamente', 'mucho más fuerte', 'necio quien desee rivalizar con los más fuertes'.

–animales indefensos representando al débil y al esclavo: 'ruiseñor de cuello moteado', junto a un vocabulario con sentido de debilidad: 'y él, lastimeramente', 'atrapado entre las uñas', 'gemía'.

–sentencias morales: es una de las características de la fábula que se aborda al final del relato, pero también puede aparecer al principio como parte de la presentación del mismo. En el trabajo comentado de Hesíodo se pueden leer: (v 214) 'pues la soberbia es perjudicial para el mortal pobre'; (v217) 'y la justicia prevalece sobre la soberbia'; pero es también parte de una consejería al poderoso: (v248) 'reyes, considerad también vosotros esta justicia', y separa el proceder de los animales de los seres humanos: (vv 276-281) 'para los peces y fieras, comerse unos a otros', 'pero a los humanos –Zeus- les dio justicia'.

–en Hesíodo se dan variables en el vocabulario para incorporar el relato: (v202) 'y ahora les diré un cuento a los reyes', aparece el término 'cuento' proveniente del período arcaico.

Es propia de la fábula la crítica a todo tipo de injusticia de los grandes opresores. De ahí que esta valoración la encontramos en la lírica-recitada proveniente de la jonia arcaica. Así Arquíloco (siglo VII a.C.), se enfrenta a Licambes (que es un aristócrata) para imputarle que no le entregó la hija como esposa y engañándole y violando la promesa que hizo. El poeta en la fábula del 'Águila y las crías de Zorra' indica como devolver y castigar la traición de un soberbio aristócrata. Esta fábula se encuentra de forma fragmentaria en el *Epodo I*, de Arquíloco. En forma prosificada se mantiene completa en la colección tardía de fábulas griegas 'Augustana' (n° 1, traducción Bibl. Clás. Gredos). Nos encontramos con un contexto muy parecido a Hesíodo, lo mismo que los temas tratados:

-animal fuerte que representa un simbolismo de esclavitud (fr. 27) 'aguila' relativo a superioridad, (fr. 29) 'elevada cima escarpada y hostil en la que estoy posada'.

–el abuso sobre una persona que es representada por un animal: (fr. 28) 'desgracia irremediable', 'acordándose de las crías indefensas', y que se lamenta (fr.31), invocación de la zorra a Zeus: '¡Zeus, padre Zeus, tú ves las acciones de los humanos, malvadas y justas, y de los animales también te importa su soberbia y su justicia!'. También al igual que en Hesíodo, aparece la terminología arcaica de 'cuento'.

–breve sentencia moral usada como 'epimitio' (fr.33) 'y así podría cogerte un castigo', relativo a Licambes.

La fábula anterior es de origen mesopotámico. En la Colección Augustana, y de inspiración de Hesíodo: el 'Gavilán y el ruiseñor' (n° 4 Bibl. Clás. Gredos-texto en pág. 19), los personajes están situados con igual sentido simbólico: 'gavilán' remite a lo opresor. 'Ruiseñor' es una víctima, lo que es sugerente de que el símbolo moral de la compasión, no es de la esencia de los poderosos, y que seguirá aprovechándose del débil aunque sea por un beneficio menor. Así tenemos que: 'pero yo sería necio si dejando marchar el bocado listo entre las garras, persiguiera lo que no se muestra aún', constituyendo de por sí una respuesta al pedido del ruiseñor de que se compadeciera de él y lograse presas de gran tamaño. Este tipo de narraciones sugiere desde luego que el 'epimitio' tiene un valor terminológico que es el del 'relato'.

La elaboración de una crítica al explotador y poderoso señor se matiza con Fedro. Considerado el primer cultivador de la Fábula en el Imperio Romano como género independiente. Tal como es 'La zorra y el águila' (Lib. I n° 28, pág. 19), y perteneciente a la Colección Augustana comenzando con Arquíloco.

En lo relativo a documentarse coherentemente sobre la naturaleza de la opresión, el caso típico es el de Fedro. Fue un esclavo macedonio en Roma, liberto de Augusto y comenzó a escribir bajo Tiberio. Usó la fábula para expresarse sobre los abusos del poder, tal como hizo Hesíodo.

La particularidad del vocabulario que describe el problema de los soberbios poderosos a los débiles se subraya en expresiones como: *sublimes/humildes* (v 1), *uulpinos catulos aquila sustulit* (v 3); lamento del débil (v 5), *mater orare incipit/ ne tantum miserae luctum importaret sibi* y arrogancia del poderoso (v7), *contempsit illa tuta quippe ipso loco* (f 29).

Lo cierto es que el desempeño que hacen las aves rapaces en la fábula arcaica lo desempeñan los mamíferos depredadores en la fábula griega posterior (como las épocas helenísticas y romana). Estos mamíferos serían el león (cuya simbología es la arrogancia) o el lobo (que denota perfidia y maldad). En la fábula 'El león y el asno' (Colección Augustana, n° 207 Bibl. Clás. Gredos, texto en pág. 20), la estructura es:

-contexto: un débil e ignorante (arquetipo tradicional que expresa dos cualidades opuestas), que es un poderoso soberbio 'cazaban animales un león y un asno'.

–vocabulario: giros expresivos para mostrar la prepotencia del opresor: 'el león reparte y establece tres porciones'; ellas son 'y dijo: porque soy rey', 'y esta tercera porción te causará gran desgracia si no quieres huir', hasta quedarse él solo con la presa.

-moraleja final como 'epimitio': el más débil no debe asociarse con los más fuertes, dada su situación de desventaja: 'es bueno medir según la propia fuerza', 'y no negociar con los más fuertes que uno'.

También en Fedro en una fábula con una variedad de personajes se expresa este contexto: 'El león, la vaca, la cabra y la oveja' (Lib. 1, n° 5, texto pág. 20):

-asociación de personajes débiles: *uacca et capella* (v 3), la inferioridad se advierte con la expresión *et patients ouis iniuriae* (v 3), además de otro poderoso *socci fuere cum leone in saltibus* (v 4).

-tópico de la prepotencia que se impone arbitrariamente sobre la humildad débil: *sic est locutus, partibus factis, leo* (v 6 y ss.), *'ego primam tollo, nominor quoniam leo/secundam quia sum socius/malo adficietur si quis quartam tetigerit'*, expresiones semejantes a las del león de la fábula esópica primigenia.

–la moraleja encabeza la fábula como 'promitio': *numquam est fidelis cum potente societas* (v 1), con el término latino equivalente al griego *'testatur haec fabella'* (v 2), cuyo significado es 'cuentecillo', proveniente de la raíz 'fa' (hablar): 'in-fans'/'fabulor'.

Es notorio recalcar que la fábula moralizante grecolatina se asentó en la literatura castellana no como género independiente sino como complemento en las obras de características didácticas, religiosas, filosóficas o morales en verso o en prosa (como el Arcipreste de Hita, Don Juan Manuel...), como consecuencia de la recopilación en prosa latina de fábulas de autores hindúes, hebreos, romanos, árabes y bizantinos, realizada por el clérigo Pedro Alfonso a princs. perteneciente al siglo XII. En el *Libro del Buen Amor*, del Arcipreste de Hita, poema didáctico en castellano de Princs. del siglo XIV inspirado en el *Ars amandi* de Ovidio, donde se combina lo profano con argumentos religiosos, el autor pone en boca de una dama cortejada la fábula del 'León, el lobo y la zorra', evidenciando la necesidad de mantener la prudencia frente a personajes de poca seguridad moral.

-el contexto es parecido y hasta idéntico a las versiones precedentes griega y latina: un león representa al poderoso que da órdenes (estrofa 83 y ss.:'mandó matar un toro, que podría bastar/partidor hizo al lobo.../éste apartó el menudo para que lo comiese/el león.../para sí la canal...') y que impone su voluntad por la fuerza ('el león se enfurece.../y al lobo en la cabeza golpeó...').

–tópico de la zorra como personaje astuto que por no padecer lo que el lobo, prefiere ceder ante el poderoso ('todo el toro al león ofreció.../a los demás las tripas y bofes, sin más nada').

-moraleja en boca de la zorra: 'en cabeza del lobo aprendí la lección, /del lobo tomé ejemplo para mi decisión'.

Frente a la fanfarronería y prepotencia del león, el lobo

representa el arquetipo del malvado vil y mezquino ya en las fábulas griegas de la Colección Augustana, como en 'El lobo y el
cordero' (nº 155 Bib. Clás. Gredos, texto en pág. 22); el contexto
es el de:

-un poderoso que desea aprovecharse del débil 'un lobo,
tras ver un cordero', busca excusas para justificar su abuso 'lo
acusaba de no dejarle beber', 'pero el año pasado insultaste a mi
padre'.

—la víctima expone razones justas para defenderse, a lo
que el opresor contesta con expresiones despóticas: 'entonces
porque abundes en defensas, ¿no voy a comerte yo?

—'epimitio' con moraleja final: fórmula de encabeza-
miento 'para quienes hay intención de ser injustos no vale ni
una defensa justa'.

La misma situación y personajes expone Fedro en 'El
lobo y el cordero', (Lib. I nº2, texto en pág. 22):

-presentación del contexto inicial, en el v 1: *ad riuum
eundem lupus et agnus uenerant.*

-poderoso que busca motivos para poder abusar del débil; v 5: *'cur-inquit-turbulentam fecisti mihi/aquan bibenti?'*

v 10: *'ante hos sex menses male-ait-dixisti mihi'./res-
pondit agnus 'equidem natus non eram'.*

vv 12-13, en los que de nada sirven las justificaciones
del cordero: *'pater hercle tuus-inquit- male dixit mihi'/atque ita
correptum lacerat injusta nece.*

-moraleja final, con el vocablo que denomina este género en latín, vv 14-15: *haec propter illos scripta est fabula/qui fictis cau-
sis innocentes opprimunt.*

En la literatura castellana se toma esta tradición (el abuso de los poderosos contra los débiles) a partir de la Edad Media
por intermedio de narraciones que usan el simbolismo con los
animales. En la época del Iluminismo los autores castellanos
siguieron las pautas de algunos franceses como La Fontaine,

en especial Samaniego o Iriarte: a partir desde Fedro, donde se hicieron colecciones de fábulas en verso. Ya a mediados de el siglo XVI, Fray Juan de Pineda (que combina teología con consejos prácticos) publica *Diálogos Familiares de la agricultura Cristiana*, donde nos advierte sobre el trato de los ricos en contra de los vecinos humildes. La ilustración de este acertijo provino también de la fábula del 'Lobo y el cordero' (texto en pág. 23), siguiendo la misma tradición: 'escuchad un apodo de mis parientes los lobos.../donde a pocos días se halló bebiendo en un río y al cordero, hijo de la oveja, vio estar bebiendo.../ reprendiéndole de que como mal criado le turbaba que él bebía'.

El desenvolvimiento y la moraleja son los mismos, con vocabulario semejante al de sus fuentes griega y latina: 'no le valió al inocente cordero decir que él estaba más abajo...para que luego no le comiese'.

Tradición Pastoril

Previo a la fuerte influencia de lo clásico en el escenario pastoril-medieval, hay que valorar la influencia de Virgilio, lo bíblico y aquella derivada de Jacobo Sannazaro. Y por lo demás, el proceso de la imprenta y la obra de Encina.

El creador del género bucólico es Virgilio, en lo referente a las lenguas romances. Su contexto agrario y su culto a la naturaleza es esencialmente un argumento en su obra. Hay que considerar que la influencia de Teócrito (poeta griego del siglo III a.C. y autor de *Idilios*), está presente. En especial en las VII y VIII bucólicas. El escenario es Arcadia, y no como lo acostumbraba Virgilio en Sicilia, Cos y Grecia. En éstas profundiza más en el aspecto psicológico de los personajes. También expresa el escenario de las guerras y la esperanza en el emperador Augusto. Encina no expresa literalmente el sentido virgiliano, sino que sus églogas aspiran verter aquel escenario a su propio tiempo: "Reconociendo la primacía poética de Virgilio, el esfuerzo de Encina no es traducirlo procurando retrotraerlo y acercarlo a la lengua de origen en la medida de lo posible; tampoco se empeña en comentarlo, adherirle notas con autoridades, sino que quiere convertirlo en moderno"[87]

Es importante valorar y explicar la presencia del pastor en la literatura, previo a cualquier relación entre Virgilio y Encina. En la antigüedad la sociedad se dividía por grupos sociales en: *oratores*, *bellatores* y *laboratores*. Esta clasificación penetró también en la literatura como: *pastor, agrícola* y *dominus*. La relación estilística con el pastor es *humilis*. En el siglo VI se desarrolla una concepción poética creada por Santillana que se espacia en tres estilos adjudicados al *prohemio*, y también Encina con su *Arte poética castellana*. Así en el *Cancionero*, Las

Églogas, no están en el primer estadio (que originalmente se reserva para la concepción poética, ni tampoco en el segundo, que se establece con lo religioso), sino en el tercero, que otrora era dedicado a la poesía profana, de representaciones y villancicos. Se reconoce la influencia de Virgilio en el estilo 'rústico'. En este proceso se conoce también la influencia del gramático Elio Donato y su vínculo con Encina. Es notoria la influencia del estilo 'rústico' en lengua romance: "Encina eligió este estilo por su voluntad reconociendo en él la valía de Virgilio, que él eleva a la condición de primer clásico de la poesía."[88]

En los trabajos de Virgilio pertenecientes a las Bucólicas, se muestran los impulsos románticos de Corindón por Alexis. En Encina hay una cristianización y exaltación del rey Fernando. Siendo en esta tratativa el desborde de dramatismo y la concepción medievalista. Son coincidentes en lo político: las de Virgilio en el Imperio de Augusto, y las de Encina en el reinado de los Reyes Católicos. En Encina hay un propósito pedagógico y cultural, con fuerte dirección al príncipe don Juan. Éste conocía muy bien la cultura grecorromana.

Los pastores vinieron a ser en Encina, personajes relevantes en sus *Églogas*. Hay una fuerte motivación virgiliana y bíblica. Pero la forma de integrar sus personajes (carácter y ritmo narrativo) les confieren creatividad y autonomía. Una cosa distinta es lo que produce Gómez Manrique en su *Representación*. Aquí los personajes son en absoluto obedientes a la tradición de la liturgia, y sin cauce local que le impregne una novedad cualitativa. En Encina, los personajes poseen un grado de máxima popularidad (tanto por el tema, por la lengua –el sayagués-, y por un tono de humanismo). Encina estuvo en un marco referencial virgiliano como son las aulas salmantinas. Allí la influencia de Virgilio hace resaltar por contraste de 'rusticidad' en ciertos pastores, el sentido cómico del aldeano típico de las plazas y del campo mismo. Su valor narrativo reside en su forma natural y espontánea.

No se puede negar que en Encina la presencia de una gama de personajes de distintos orígenes hacen gala pública (personajes bíblicos y de ángeles), pero lo determinante son los personajes pastores. Se caracterizan por ser amantes del juego, cantan en público, bailan, son diestros en instrumentos musicales, y ante todo se enamoran 'de vez en cuando'. La tónica renacentista es diferente: son prestos para invocar a Venus, se sienten aquejados por las amarguras de Cupido, la veneración del Amor como entidad individualizada, el movimiento del pastor se aferra a los dioses del entramado clásico, y la identidad entre lo trovadoresco y el Renacimiento se establece especialmente por Encina y el autor Rodrigo de Cota.

Las églogas que más se emparientan a la dramática italiana (heredera de lo clásico), es la vinculada al *amor trágico*. En esta égloga Juan del Encina polariza el drama con tres pastores: Fileno, Zombardo e Cardonio (expresadas en octavas de arte mayor). Fileno opta por el suicidio. El dilema se encuentra en un móvil conductual; a saber, el conflicto entre la culpa medieval del ascetismo y la sensualidad renacentista. Pero estos temas son también los de Boccaccio en el *Decamerón*. En la égloba de *Plácida* y *Victoriano*, se alcanza el máximo devenir neo-pagano sobre el imposible amor medieval. Plácida se suicida por el desamor de Victoriano. Este se entrega a un *delirium* cristiano de arrepentimiento. Clama Victoriano a Venus (con la oración 'dea graciosa'), pidiendo su propia muerte para allegarse a su amada Plácida. La tercera égloga es la de *Cristino y Febea*, donde hay una oposición de dos mundos: el ascetismo medieval y la nueva visión por la vida y la sensualidad. El pastor Cristino se margina del mundo (de placeres y fuertes emociones), pero Cupido se resiste a este abandono y le envía a la ninfa Febea para energizar su despecho por las ansias terrenales. Finalmente el pastor Cristino abandona los hábitos monacales *y* religiosos, y se adentra en el amor individual: la vía de san Antonio (el ermitaño) representado por un viejo que es abandonado. La ninfa Febea le arrastra hacia el éxtasis sensual.

En Encina se conjugan estos dos universos culturales, naciendo de par en par un período transaccional de lo grecolatino en aquella España. Es a través de este autor que hace presencia la herencia de Virgilio y la literatura pastoril. El siglo XVI es de Encina. Los siglos venideros sentirán la poderosa fuerza de este entramado.

Conclusión

El nacimiento de los géneros literarios no está separado de la influencia cultural del mundo clásico. En lo específico, esta influencia se gestó durante el período de la Edad Media y el Renacimiento. Existía un común acuerdo negativo sobre la influencia del mundo clásico en la Edad Media. Estudios posteriores realizados en el siglo XIX arrojaron respuestas opuestas a estas opiniones superficiales. Una de estas reflexiones es que el influjo de lo antiguo llegó por los romanos que estaban familiarizados con la lengua, cultura y la misma literatura helénica. A la caída del Imperio romano, se mantuvo viva esta influencia de lo clásico. Esta influencia se traduce a la literatura a través de tres categorías: la traducción, la imitación y la emulación. Las investigaciones probaron que durante la Edad Media se estudiaba la lengua de los clásicos. Esto hizo factible las traducciones tanto de Castilla como de Aragón. Luego de estas traducciones se imitaba o emulaba estos textos.

Los investigadores lingüistas de la literatura española al profundizar los estudios sobre autores del siglo XV, como el Marqués de Santillana, descubren que en su obra se citan autores clásicos como: Homero, Virgilio, Ovidio, Séneca, Lucano, Platón, Aristóteles, Sócrates, Euclides, Plutarco, Horacio, Cicerón y otros. Pero también evidencia que se encuentran citados durante la Edad Media, en los géneros de Poesía Moral y Didáctica.

Otro de los canales por los cuales penetró la influencia clásica fue a través de la mitología. Siendo muy reducido en el Medioevo y profuso durante el Renacimiento. Un ejemplo de esto último es la obra de Góngora: *Fábula de Polifeno y Galatea.*

Otra de las pruebas del escenario helénico y romano en su influencia cultural sobre los períodos posteriores del Medioevo y el Renacimiento es el uso de *Diálogos* con figuras alegóricas. Estos diálogos imitan realmente a Platón, Cicerón o Luciano. En la Edad Media, El Arcipreste de Hita creó una obra basada en estos *diálogos:Debate de Don Carmal t Dona Cuaresma.* También en el Renacimiento (a veces en prosa, otras en verso), se presentan modelos de imitación, como: *Diálogo e razonamiento,* de Pedro Díaz de Toledo.

Al investigarse las *Cartas medievales* y *Renacentistas,* se ha podido probar la influencia de la retórica clásica. Ya que estas *epístolas,* pueden acomodar la estructura del discurso grecolatino. Estas se editaron como textos literarios que imitaban el genio griego, pero también como subterfugio para que los autores expresaran sus opiniones.

Es importante destacar que sin la presencia de la Escuela de Traductores de Toledo, institución fundada por Alfonso X (el sabio), no hubiera podido conocerse en su tiempo las obras de autores griegos y latinos. A través de esta Escuela nos llegaron textos históricos, legales y ejemplares literarios.

La Épica

Este género se crea por la necesidad que tenía el pueblo de contar las hazañas de sus propios héroes (pero el carácter de éstos se igualaba a los dioses). Su nacimiento Hispánico se enmarca en ese tenor. Pero en lo especial por la necesidad de identificar obras antiguas de héroes y dioses que conformaron la mitología. Sin lugar a dudas su surgimiento (*los géneros literarios*), durante la Edad Media y el Renacimiento es de pura inspiración mitológica. También se puede catalogar de esa misma influencia los llamados Géneros Narrativos.

Cantares de Gesta

Existe una diferencia notable entre la épica griega y la germana. Estas particularidades de lo griego llegan a la épica Occidental y como tal a Hispania. La épica clásica es extensa, pero a pesar de ser un género escrito, se recitaba en público.

La prueba fehaciente la evidenciamos en el Poema de *Mío Cid* (se trata de una extensa composición de más de 4,000 versos, de características escritas, pero apto para la recitación). Según ciertos criterios y juicios literarios, las epopeyas de naturaleza heroicas occidentales surgen siguiendo la máxima tradición homérica (que llega a la Península a través de Virgilio. Quien es el fiel discípulo de Homero).

Se puede considerar al *Poema de Mío Cid*, como un fiel seguidor de la epopeya clásica (el héroe es un fiero guerrero), como sucede en la *Ilíada*, pero al mismo tiempo es un verdadero asceta de la virtud y lo devocional como el protagonista de la *Eneida*, de Virgilio.

La asunción de este mundo greco-latino en el Medioevo, se transparenta en el *Libro de Apolonio*. En el Renacimiento se integran los prototipos del héroe griego, a escala personal. Por ejemplo en Garcilaso, Lope y Cervantes estas cualidades de lo guerrero y lo devocional-virtuoso están enlazadas.

El Romancero

No hay evidencia previa al siglo XV, de la literatura romana. Pero debió de existir niveles fragmentados de trabajos épicos en la Edad Media. La opinión erudita es que ciertas leyendas troyanas y obras como *La Metamorfosis*, de Ovidio, pulularon en cierta medida. Estos mitos aparecieron en producciones castellanas.

Durante el Renacimiento y el Barroco, una literatura oral

de inspiración mitológica griego-latina estuvo inspirada en los mitos de Teseo, progne, Filomena y Paris.

La Novela

Está probada la influencia en este género. En la novela pastoril *La Diana*, de Jorge de Montemayor, se imita la novela de Heliodoro: *Dafnis y Cloe*. La misma novela picaresca, y las de cabellerías, evidencian rasgos de Luciano o de Apuleyo (*El asno de Oro*), además de el *Satiricón*. De esta última se encuentran fuertes huellas en *Rinconete* y *Cortadillo*, de Cervantes. Lo mismo que la *Vida de Esopo*, y algunas aventuras de *El Quijote*.

La duda en la Edad Media de esta gran influencia se vio superada con Don Juan Manuel en *El Conde Lucanor* (hay una fuerte presencia socrática en los diálogos).

La Lírica

Ya en el siglo XVI se corresponden las pruebas fundamentales. Pero en el XVIII, se confirman las pruebas de la influencia greco-latina en la literatura peninsular.

La poesía de Ovidio exalta los sentimientos de la vida, del goce, de la belleza y del amor. Aparecen en la lírica española a través de los 'tópicos-típicos' de: *Carpe diem, Tempus fugit, Jocus amoenus, Beatus ille,* y *Urbi sunt*.

El espacio erótico en Ovidio llegará al Arcipreste de Hita en *La Trotamundos*. Y en *La Celestina,* de Fernando de Rojas. Ya en el siglo XX, una poesía de tendencias líricas (de alabanzas) siguió el modelo de Horacio en la llamada *Oda*. Y en pleno Renacimiento, las Églogas de Gracilazo de la Vega siguen el modelo latino del *Beatus Illa*.

Dramática

La influencia del mundo clásico no es muy evidente en el Medioevo. Pero en el Renacimiento se conoce a partir del siglo XV. Está corroborado que las tragedias de Séneca se conocieron en España en 1550. Pero con la intervención de Lope de Vega, el teatro adoptará una forma independiente que se conocerá luego como la Comedia Nueva.

Un gran obstáculo para el conocimiento de la literatura greco-latina en España, se debió a que las poéticas (y en especial la de Aristóteles), se publicaron en el siglo XVI. Se han encontrado traducciones al catalán y al castellano a pesar de lo referido. Un ejemplo fundamental de carácter dramático lo evidenciamos en la obra *Primeras tragedias españolas* (1557), de Jerónimo Bermúdez. En esta obra la influencia de Séneca se hace objetiva, en especial en *Nise Laureada*. En ella aparece el coro, el lenguaje sentencioso, retoricado, la crueldad y el estoicismo. Cualidades que son parte esencial de la dramática de Séneca.

Es evidente en Juan de Cueva, la influencia de Séneca, en su obra *Tragedia del Príncipe Tirano*. El monólogo pragmático y cruel se adhiere a esa fisonomía de Séneca. Lo mismo ocurre con Cervantes en *El trato de Argel* y *El Cerco de Numancia*.

Al margen de lo trágico, en obras semiprofanas de tema pastoril de inspiración virgiliana (las *Bucólicas*), se da en Gómez Manrique en la obra *Representación del nacimiento de Nuestro Señor.*

Sobre los géneros literarios(o históricos)

La mayor evaluación a principios del siglo veinte sobre el origen de los géneros literarios viene del análisis realizado por el escritor de origen ruso, el formalista Boris Tomachevski. Su interpretación en el mundo hispánico nos llegó a través de una erudita exposición del también profesor Fernando Lázaro Carreter. En la obra *Teoría de la literatura* (1925), se exponen las concepciones sobre el aspecto central de los orígenes. Algunas de estas ideas serían: que las obras literarias se diferenciaban según el tipo de procedimientos empleados. Que de las características de estos procedimientos se determinan ciertos tipos perceptibles del género. Pero que al imitarse este procedimiento en las obras se formaliza un género cuyo nacimiento es histórico.

Entonces los géneros tienen una vivencia espacio-temporal. El analista Fernando Carreter examina muy de cerca esta impronta de los géneros literarios, [89] ya que todas las Historias Literarias de alguna manera la toman en cuenta aunque sea indirectamente. La exposición de Lázaro Carreter argumenta que los géneros literarios no son creaciones de la psiquis del escritor obedeciendo a situaciones de estímulos emocionales solamente, sino que establecen características de naturaleza estructural. Sostiene que el hecho que el escritor asuma la primera persona (lírica), la tercera (narrativa: y en éstas las obras didácticas), o la primera y la segunda alternantes (en el ejercicio de la dramática), obedece a la misma naturaleza histórica de los géneros. También "estos rasgos constituyen un esqueleto estructural que yace bajo las obras concretas de esos géneros, las cuales pueden poseer rasgos propios, pero siempre subordinados a los dominantes". Afirma que no se pueden estudiar dentro de un esquema lógico-conceptual (incluyendo la analítica) debido a que su estar es histórico. Tampoco podríamos externar o universalizar los géneros pues son el subproducto temporal de la historia. La clasificación no obedece sino a lo descriptivo. Expresa que "El género posee un origen normalmente conocido o que debe descubrirse. A la cabeza hay siempre un genio que ha producido una combinación de rasgos sentida como iterable por otros escritores que la repiten. [...] Es propia de un escritor genial su insatisfacción con los géneros recibidos, y su búsqueda constante de nuevas fórmulas que unas veces triunfan y otras no, quedando entonces como obras chocantes o anómalas en la producción de aquel autor. Góngora suministra abundantes muestras de ello". En lo individual el género es un seguimiento particularizado de una obra previa, y del cual el escritor hace un uso repetitivo de esa valoración. Según Lázaro Carreter este seguimiento de parte del 'epígono' llevará a ciertas modificaciones de naturaleza creativa en el sentido que el escritor limitará o aniquilará ciertos parámetros tradicionales con ánimo de trascender el género, pero que al fin se situará en la dimensión propia de ese género en especifico. La afirmación del especialista nombrado sitúa la vida de un género literario en un ciclo de la historia, y no en una invariabilidad o indefinición como categoría literaria. Como parte de un conflicto que sostuvo con el crítico Alexander Parker, puntualizó que: "Un género, en cuanto proceso histórico que es, no puede definirse: un trozo de historia se describe (y se interpreta después), pero no se define. Como tal cuenta necesariamente con un comienzo localizable: aquel en que un escritor, advirtiendo en una obra literaria anterior rasgos de composición y de contenido iterables, los mantiene en una nueva creación; y una época, la de su vigencia, en que escritores de mayor o menor talento manipulan aquellos rasgos, sumisos o rebeldes, pero captados por la poética que han consagrado las obras anteriores."[90] Todo indica que los géneros son híbridos de resoluciones formales y de un matiz de contenidos. Lo que implica que son elaboraciones artísticas que reciben las propias dinámicas que lo integran como una estructura en evolución. Una condición de los géneros es su esencia abierta y permisiva: esto es, que cualquier rasgo de distintas estéticas, fines y circunstancias encuentran en su dinámica la intención y los rasgos que imprimen el autor y la propia historia de la época. Esta concepción fue la que difundió en su tiempo la escuela del formalismo ruso. Sin embargo hay que precisar que los autores René Wellek y Austin Warren, en la obra *Teoría Literaria*, precisan un rasgo más pragmático en lo relativo a los géneros: la de poseer el rasgo de imperativo institucional. Que significa que se erige en un puntal de referencia para la escritura; o también que es un entramado estético para la intención del escritor.

Notas

1.- Gilbert Higuet: La tradición clásica. Fondo de cultura Económica. México, 1954.

2.- Antonio García Berrio: Teoría de la literatura (La construcción del significado poético), Madrid, Cátedra, 1989.

3.- (G. Saitta, 1949-51; P. o. Kristeller, 1956; R. Scrivand, 1959; G. Weise, 1961-1978; E. Garin, 1972- 1973;G.R Hocke, 1961).

4.- (J.W. Atkins, 1961, 34-70; G.M. Grube, 1968, 46-65; A. Reyes, 1941).

5.- (C.O. Brink, 1961,1971; G. Stegen, 1960; C. Becker, 1963; E.Pasoli, 1964; A. Rostagni,1930).

6.- (B. Weinberg, 1961; M.T. Herrick, 1946).

7.- (A. Garcia Berrio, 1975; 95; 1988,106-114).

8.- (H. Lausberg, 1966-1968).

9.- (G.A. Kennedy, 1963).

10.- (P.V. Megaldo, 1978).

11.- (R. Bray, 1957).

12.-(A. García Berrio, M.T. Hernández, 1988, 24-32).

13.- (A. Michel, 1982).

14.- (G. Carnero, 1983).

15.- (A. Bretón, 1972).

16.- (T.E. Vehling, 1971).

17.- (M.H. Abrams, 1962).

18.- (K. Burke, ed. 1983).

19.- (Dámaso Alonso, 1952).

20.- (A. García Berrio y M.T. Hernández, 1988, 67-71).

21.- (A. Ballistini y E. Raimondi, 1984, 172 y ss.)

22.- (R. Wellek, 1973; II, 172 y ss., y 198 y ss.)

23.- Maurice Blanchot: El diálogo Inconcluso (Monte Ávila Editores, 1970), 331.

24.- Ernst Jünger/Martín Heidegger: Acerca del nihilismo (Paídos I.C.E./U.A.B.) Pensamiento contemporáneo 28, 1994), 100.

25.- Emmanuel Levinas: Dios, La Muerte y El Tiempo (Ediciones Cátedra, S.A., 1998), 206-207.

26.- Gaston Bachelard: Psicoanálisis del fuego, (Alianza Editorial, Madrid, 1966).

27.- ____La poética Del Espacio, (Fondo de Cultura Económica, España, 1995), 11.

28.- Helena Rodríguez Solominos: "El estudio y el conocimiento del griego", en El Mundo clásico en la tradición literaria: I. Edad Media y Renacimiento. Ponencias II. 4. UNED.

29.- Andrés Martínez Lorca: "La presencia griega en la tradición cultural árabe." Ponencias II, de la UNED. 2.

30.- Elvira Ganguntia:"Algunas notas sobre literatura griega y Edad Media Española." Estudios Clásicos.172.

31.- José Luis Moralejo: "Sobre Virgilio en el Alto Medievo hispano", en Actas del Vie Simposi, de la Seccio Catalana de la SEEC, Barcelona, 1936, 38-39.

32.- Vicente Cristóbal: "Ovidio: del Arte de Amar a la alegoría moralizante." Ponencias I, de la UNED. 2.

33.- Ibíd.,13.

34.- Francisco Rodríguez Adrados: "La fábula en La Edad Media y en el Renacimiento." Ponencias I. UNED. 9.

35.- MªVictoria Fernández Savater: "La Tradición del relato breve en la Edad Media y el Renacimiento." Ponencias II, UNED, 7.

36.- Ibíd., 13.

37.- Marcelino Menéndez Pelayo: Historia de las ideas estéticas en España (Madrid, CSIC, 1974),450-470. 38.- M. De Riquer: Los Trovadores I (Barcelona, Ariel, 1983),30-33.

39.- Pedro Vignau: La Lengua de los Trovadores (Madrid, Imprenta Muñoz, 1865), 75-86.

40.- Dámaso Alonso: O. C. IX (Madrid, Gredos, 1989), 170-180.

41.- Alfonso el Sabio: Setenario (Barcelona, ed. De Kenned H. Vanderford, 1984), 28-35.

42.- Cfr. Ernst Robert Curtius: Literatura europea y Edad Media Latina (Madrid, FCE, 1975), 60-75.

43.- O. Di Camillo: El humanismo castellano del siglo XV, (tra. Cast., Valencia, Fernando Torres, 1976), 42-43.

44.- Ramón Menéndez Pidal: "La lengua en Tiempo de los Reyes Católicos", Cuadernos Hispanoamericanos, 13, 1950. 9-26.

45.- Jaime Oliver Asín: Historia de la lengua española, (4ta edic., Madrid, Artes gráficas Diana, MCMXL), 56-59.

46.- Roger Wright: Latín tardío y romance temprano, (Madrid, Gredos, 1982), 379-390.

47.- Cfr. W. A. Stewart: "Un bosquejo de tipología lingüística para describir el multilingüismo", Antología de estudios de etnolingüística y sociolingüísca de Paul L. Garvin y Yolanda Lastra, México, UNAM, 1974. 225-235.

48.- R. Menéndez Pidal: Manual elemental de gramática histórica, (Madrid: Victoriano Suárez, 1904), 1-5. 49.- Cfr. Rafael Lapesa: Historia de la lengua española, (9na edición, Madrid, Gredos, 1981), 63.2 y 63.5.

50.- Miguel A. Ladero Quezada: Historia universal. Edad Media, (2da edición, Barcelona: Ed. Vicens Vives, 1992), 416-418.

51.- Alfonso el Sabio: General Estoria, (3ª parte, ed. De Pedro Sánchez Prieto y Bautista Horcajada, Madrid, Gredos, 1994), 168-179.

52.- J.A. Maravall: "El prerrenacimiento del siglo XV", en Estudios de historia del pensamiento español. La época del Renacimiento, (Madrid: Eds. Cultura Hispánica, 1984), 10-16.

53.- José María Viña Liste: Cronología de la literatura española. I, Edad Media, (Madrid: Cátedra, 1991), 65-69.

54.- Marcelino Menéndez Pelayo: Antología de poetas líricos castellanos, (Santander: Aldus, MCMXLIV, I,), 370-380.

55.- Cfr. Francisco López Estrada, ed.: Las poéticas castellanas de la Edad Media, (Madrid: Taurus, 1984), 17-31.

56.- Karl Kohut: "La teoría de la poesía cortesana en el Prólogo de Juan Alfonso de Baena", en Actas del Coloquio hispano-alemán Ramón Menéndez Pidal, (Tübingen: Max Niemeyer, 1982), 118-140.

57.- Robert Curtius: Literatura europea y Edad Media Latina, trad. cast., Madrid, FCE, 1975 (reimpr.), 196-203.

58.- Ibíd., 680-695.

59.- O. DI Camillo: El humanismo castellano del siglo XV, trad. Cast., Valencia, Fernando Torres, 1976, 100- 102.

60.- López Estrada: Introducción…, 187-190.

61.- Ibíd., 156-158.

62.- Rafael Lapesa: La obra literaria del Marqués de Santillana, (Madrid: Ínsula, 1957), 245-249.

63.- Ibíd., 50-54.

64.- Marqués de Santillana: O.C., ed. De Ángel Gómez Moreno y Maximilian P. A. M. KerKhof, Barcelona, Planeta, 1988, 434-439.

65.- Marcelino Menéndez Pelayo: Antología de poetas líricos castellanos, III, Santander, Aldus, MCMXLIV, 220-222.

66.- Cfr. Concepción Salinas: "Antiguos y modernos en el Arte de poesía castellana de Juan del Encina", en Humanismo y literatura en tiempos de Juan del Encina, Eds. Universidad de Salamanca, 1999, 425-440.

67.- Ibíd., 80-83.

68.- Ibíd., 82-83.

69.- Ibíd., 84-89.

70.- Ibíd., 89.

71.- "Poesía y poética en Juan del Encina"…, 204-217.

72.- En 1190, se publica la Historia del Grial, de Robert de Boron. En 1210, Wolfram von Eschenbach edita su Parzival. Una gama de versiones de la leyenda aparecerán de manos de autores de progenie cistercienses, tal como Queste du Graal. A partir de ahí el mito adquiere dos manifestaciones culturales: el de naturaleza gaélica y el occitano. Pero estas divisiones del mito crearon otra leyenda: la del rey Arturo.

73.- Loomis, The Grail, 222-240.

74.- Baeber, R.: Knight and chiralry, 121-128.

75.- Perlevaus, 350-362.

76.- Perlesvaus, 265-269.

77.- Wolfram von Eschenbach: Parzival, 240-260.

78.- Ibíd., 250-255.

79.- Ibíd., 252-260.

80.- Rahn: Croisade contre le Graal, 70-80.

81.- Wolfram von Eschenbach: Parzival, 425-427.

82.- Greub: "The Pre-Christian Grail Tradition", 67-69.

83.- Carlos García Gual: "La mitología clásica en el Renacimiento", en Introducción a la mitología griega. Madrid. Alianza. Lb núm 1580. 226.

84.- Ibíd., 227.

85.- Robert B. Tate: "Mitología en la Historiografía española de la Edad Media y el Renacimiento", en Ensayos sobre la historiografía Peninsular del siglo XV. Madrid, Gredos, 1970, 17.

86.- Ibíd., 20.

87.- Francisco López Estrada: "Presencia clásica en la Literatura Pastoril Española". Ponencias I, UNED. 9.

88.- Ibíd., 8.

89.- F. Lázaro Carreter: Estudios de Poética (Madrid: Taurus, 1976) ,111-124.

90.- F. Lázaro Carreter: "Glosas críticas a Los pícaros en la literatura de AlexanderA.Parker", HR, 41, 1973, 468-498.

Sobre el autor

Esteban A. Torres Marte: poeta y ensayista dominicano residente en los Estados Unidos (oriundo de la provincia de Santiago Rodríguez). Laboró como profesor por dos décadas en la Universidad: City University of New York. En la actualidad ocupa la cátedra de Teoría de la Lingüística y Fundamentos de La Lingüística aplicada a la Lengua Española, de la Universidad Pedro Henríquez Ureña (recinto de la ciudad de New York). Obtuvo su Bachelor's Degree, en The University of the State of New York. El Master's Degree en State University of New York at Buffalo (especialidad en Estudios Americanos-Multidisciplinarios); y Transcript-master en el City College of New York (especialidad en Literatura Hispanoamericana). Es candidato al doctorado de Filología Hispánica, por la Universidad Nacional de España (UNED). Es co-fundador de la revista latinoamericana: *Letras e Imágenes*, la primera publicación que a principios de los años ochentas mostró el arte desarrollado por los dominicanos de la diáspora. Fue miembro de la redacción de las publicaciones *Caronte* (proyecto dirigido por el escritor Puertorriqueño Iván Silén), y de la revista *Punto7*. En ambas publicaciones contribuyó con trabajos ensayísticos.

En 1986, participó en la **Primera Conferencia Internacional y Multidisciplinaria sobre la República Dominicana** (su ponencia: *Perspectivas de la Literatura Dominicana en Estados Unidos*, representó a los poetas de la diáspora). Dicho evento fue celebrado en las Universidades de New Jersey: Rutgers University, Essex County College y Seton Hall University.

En el **Encuentro Cultural y el Homenaje al poeta Manuel del Cabral en New York**, participó con una ponencia que luego publicó en la revista de la cual fue co-fundador: *Emem-Ya*. La ponencia se intitula: *Lenguaje y Metafísica en los Huéspedes Secretos de Manuel del Cabral* (1989).

Ha contribuido críticamente como co-autor de la obra: *Handbook of Latinamerican Literature* (Garland Publishing, Inc., New York & London, 1992). En marzo de 2007, publicó la obra ensayística: *Exordio 6,* (Ed.El Salvaje Refinado); en enero de 2008, la obra multiensayística: *De lo Definido a la*

Incertidumbre, (Obsidiana Press); en junio de 2008, *Reflexiones Omega*, (Obsidiana Press); y en octubre de 2008, *Espacios (Transversalmente) Cruzados,* (Trs Press).

De Géneros Literarios: Orígenes,(2009), es una obra de Historia Literaria, donde se sitúan las diferentes etapas por donde transcurren los caminos Occidentales de la cultura. Es también un análisis mostrativo de las importantes esferas de influencia de los senderos del Oriente en el Occidente. Aunque se prestigia la época helenística, se subraya el camino primigenio de Creta en el albor de la mitología del Oeste. Los caminos 'intermedios' en el recorrido de los signos literarios son tomados como un paso decisivo en la construcción de los géneros literarios. La naturaleza histórica imprime en el desarrollo de las épocas las características a asumir por las generaciones de escritores y artistas. El género es dinámico y acusa en germen su propia transformación.

De Géneros Literarios: Orígene, de Esteban A. Torres
Marte, se terminó de imprimir en Mayo de 2009 en los
Estados Unidos de América.

Obsidiana Press
124 Meadow Drive
Scott Depot
West Virginia 25560

www.oplibros.com

eMail: OPLibros@aol.com